OEUVRES

COMPLÈTES

DE MADAME LA PRINCESSE

CONSTANCE DE SALM.

TOME IV.

TYPOGRAPHIE DE FIRMIN DIDOT FRÈRES,
RUE JACOB, 56.

OEUVRES

COMPLÈTES

DE MADAME LA PRINCESSE

CONSTANCE DE SALM.

TOME QUATRIÈME.

ÉLOGES. — RAPPORTS. — NOTICE. — MES SOIXANTE ANS.

PARIS,

LIBRAIRIE DE FIRMIN DIDOT FRÈRES,
RUE JACOB, N° 56.

ARTHUS BERTRAND, LIBRAIRE,
RUE HAUTEFEUILLE, N° 23.

1842.

ÉLOGES.

ÉLOGE
DE SÉDAINE,

LU A LA 54ᵉ SÉANCE PUBLIQUE DU LYCÉE DES ARTS,
LE 30 MESSIDOR AN V (19 JUILLET 1797).

ÉLOGE
DE SÉDAINE.

Le Lycée des Arts vient de perdre un de ses membres les plus distingués; Sédaine a terminé sa longue carrière. Il était au nombre de ces anciens académiciens qui, dans les premiers temps de la révolution, lorsque les académies furent dissoutes, s'associant à d'autres littérateurs, à des savants, des artistes célèbres, fondèrent le Lycée des Arts, et le rendirent un nouveau centre de lumières et de renommées en tout genre.

Cette société, à la fois savante et littéraire, qui recherche et encourage les talents naissants, qui récompense et couronne les talents formés, s'est fait de tout temps un devoir d'honorer la mémoire des hommes célèbres qu'elle a le malheur de perdre, et de prononcer leurs éloges dans cette même enceinte où une foule empressée les a si souvent vus et applaudis.

C'est à moi qu'elle a confié aujourd'hui le soin de rendre ce dernier hommage à la mémoire de Sédaine, et je remplis cette honorable tâche avec d'autant plus d'empressement, que ce patriarche de notre littérature était à la fois un homme à talent et un homme de bien, et que, comme on va le voir, l'estime dont il jouissait n'était pas due seulement à soixante ans de travaux et de succès, mais à une existence entière de probité, de vertu et d'honneur.

MICHEL-JEAN SÉDAINE naquit à Paris, le 4 juillet 1719, d'une famille honnête et estimée. Dès sa première enfance, on remarqua en lui cette sensibilité profonde, cette aptitude à s'instruire qui sont la source de toutes les grandes qualités. Un de ses oncles, pour cultiver ces heureuses dispositions, lui fit de bonne heure commencer ses études : mais cet oncle mourut; des événements malheureux bouleversèrent entièrement la fortune de Sédaine le père : ne pouvant plus subsister à Paris, il sollicita et obtint un petit emploi dans le fond du Berri, et il partit, emmenant avec lui ses deux fils, dont Sédaine était l'aîné.

Quoiqu'il n'eût alors que treize ans, ce ne fut pas sans la plus vive douleur qu'il se vit forcé d'interrompre le cours de ses études : il en versa plus d'une fois des larmes en secret; mais le sort lui réservait d'autres épreuves. Son père, loin de ses amis et d'une partie de sa famille, ne put supporter le changement de sa position; il s'abandonna à une mélancolie profonde qui ne tarda pas à le conduire au tombeau, et le jeune Sédaine se trouva seul, sans secours, sans famille, dans un pays qui n'était pas le sien. Après avoir rendu les derniers devoirs à son père, voulant retourner à Paris où sa mère était restée, il paya, dans une voiture publique, la place de son jeune frère qui n'eût pu supporter la fatigue de la route, et, n'ayant plus que dix-huit francs, il suivit la voiture à pied. La saison était rigoureuse : voyant que son frère avait peine à supporter le froid, il ôta sa veste dont il le força de se revêtir, et il intéressa tellement les voyageurs par cette action touchante, qu'ils obtinrent du conducteur de lui donner une place sur le siége pour achever sa route.

Il est certains traits qui à eux seuls caractérisent un homme, et semblent dérouler, aux yeux de l'observateur, le tableau de son existence. Celui que je viens de citer est de ce genre. Il n'est personne qui, après l'avoir lu, ne se représente Sédaine arrivé à Paris, devenu, par son travail et son active sensibilité, le soutien de sa famille : ce fut en effet ce qui arriva. Le père avait été architecte; le fils devint tailleur de pierres, et ce fut en exerçant ce pénible métier, qu'à force de soins et de fatigues il parvint à assurer à sa mère une existence honnête. Cependant, quelque mérite qu'il eût alors, il y a loin de là à la carrière d'auteur dramatique, dans laquelle il va bientôt se distinguer. Mais la nature ne connaît pas ces sortes de distances : quand elle a assigné une place à l'homme de génie, elle semble ne lui faire rencontrer des obstacles que pour mieux lui donner le sentiment de ses propres forces. Sédaine était né avec l'amour des lettres, et ses malheurs n'avaient pas dû le lui faire perdre : c'est dans l'infortune qu'on sent plus que jamais le besoin d'occuper son esprit. L'homme heureux dépense sa vie sans s'en apercevoir : le malheureux, au contraire, cherche à en employer chaque instant pour en alléger le fardeau. Sédaine, entraîné d'ailleurs par un ascendant secret, ne négligeait aucune occasion de se livrer à l'étude; il y donnait tous les moments qu'il pouvait dérober au travail; et, tandis que ses camarades se reposaient, il développait son jugement et éclairait son esprit par la lecture de nos meilleurs auteurs classiques. C'était un spectacle singulier qu'un jeune maçon lisant Horace ou Virgile dans leur propre langue. Aussi M. Buron (1), entrepreneur de bâtiments, pour qui Sédaine travaillait, en fut-il vivement

(1) Aïeul de David.

touché : il ressentit pour lui cet intérêt pressant qu'inspire tout homme qui cherche vraiment à s'instruire, et, pour lui en faciliter les moyens, il le tira de l'état de simple artisan, et le chargea de diriger les travaux qu'il ordonnait.

Dans quelque position qu'il se trouve, un homme d'esprit fait tout mieux qu'un autre. Sédaine s'acquit bientôt dans son nouvel emploi la confiance de M. Buron. De tailleur de pierres, il devint maître maçon, puis architecte; et bientôt il rechercha l'amitié de quelques gens de lettres, et commença à s'annoncer par des poésies fugitives.

Déjà on citait plusieurs de ses chansons pleines d'esprit et de sel, quand une dame de province l'ayant prié de lui faire passer quelques nouveautés littéraires, il eut l'idée de lui envoyer un de ses ouvrages avant qu'il parût, et il fit à cette occasion son *Épître à son Habit,* qui est une des productions les plus agréables et les plus philosophiques que nous ayons en ce genre. On y trouve à chaque vers une critique fine, exprimée avec autant de gaieté que de grâce. Le refrain en est principalement resté dans toutes les bouches. Il n'est personne qui n'ait senti plus ou moins l'influence d'un bel habit, et qui n'ait pu quelquefois s'écrier avec Sédaine :

« O mon habit ! que je vous remercie !
« C'est vous qui me valez cela. »

Cependant le goût de la littérature et surtout de la poésie jetait alors une sorte de défaveur sur ceux qui devaient se livrer à des occupations sérieuses : le jeune auteur ne s'était point fait connaître ; des journalistes tronquèrent et imprimèrent son Épître ; on fit plus, on l'attribua successivement à plusieurs hommes de lettres : mais se trouvant un jour à dîner chez M. Lecomte, ancien lieutenant criminel, et entendant dire que son ouvrage était d'un mousquetaire que l'on nommait, il ne put résister au désir de s'en déclarer hautement l'auteur ; et cette petite circonstance devint une des premières causes de sa fortune. M. Lecomte, qui savait apprécier le talent, sentant la nécessité de le laisser tout entier à la littérature, lui offrit, non-seulement de le loger chez lui, mais de l'y recevoir comme son propre fils, proposition généreuse qu'il accepta, sans pourtant abandonner son état d'architecte, qui assurait son indépendance. Et voilà enfin l'homme de lettres affranchi de ces embarras pécuniaires qui sont une peine pour tous ceux qui les éprouvent, mais qui deviennent pour l'homme de génie un fléau et un obstacle de chaque instant (1).

De ce moment, Sédaine consacra à ses travaux littéraires tout le temps dont il pouvait disposer. Lié depuis plusieurs années avec Vadé, qui était alors en vogue, il profitait des qualités et des défauts de son ami. Vadé, peintre fidèle de la nature, la montrait sous un aspect plus vrai que délicate-

(1) A cette époque un grand nombre d'hommes riches ou en place recevaient ainsi chez eux des gens de lettres et des artistes peu fortunés. On pourrait en citer une foule d'exemples.

ment choisi : Sédaine, sans s'en écarter davantage, sentit bientôt la nécessité de substituer l'expression naïve à l'expression triviale; il se fit dès lors un genre à lui, qu'il n'a jamais abandonné, et sur lequel j'aurai plus d'une fois occasion de revenir en parlant des nombreux ouvrages dont il a enrichi notre scène.

Le premier, tiré du théâtre anglais, fut le *Diable à quatre*, opéra comique en trois actes, représenté pour la première fois en 1756, et qui obtint un succès qui étonna jusqu'à son auteur même.

Dans cette pièce, un magicien mécontent d'une marquise insolente et acariâtre qui le reçoit mal, et content de la femme d'un savetier qui l'accueille, leur fait prendre en apparence la forme l'une de l'autre. Ce prétendu changement entraîne des méprises et des situations fort piquantes; et cet ouvrage, quoiqu'il soit le premier que Sédaine ait donné au théâtre, n'est pas une de ses moins bonnes productions.

Encouragé par cet heureux début, il suivit les théâtres, observa les hommes, mûrit son jugement, et s'affermit de plus en plus dans cette connaissance profonde du cœur humain, sans laquelle un auteur dramatique, quel que soit son talent, ne peut obtenir que des succès passagers. Cependant il fut quelques années sans rien produire de nouveau. Un auteur sage, quand il a réussi, craint plus de faire le second pas que le premier. Il a alors une réputation à conserver, à augmenter; et ce n'est qu'en hésitant qu'il s'avance dans une carrière où les chutes mêmes coûtent tant de soins et de peines. Mais le second ouvrage que Sédaine fit pour le théâtre de l'Opéra comique, et dont le célèbre Philidor composa la musique, *Blaise le Savetier*, représenté en 1759, eut encore plus de succès que le *Diable à quatre*.

Peu de temps après, il donna au même théâtre : *l'Huître et les Plaideurs*; et successivement *les Troqueurs dupés*; *le Jardinier et son Seigneur*, et *On ne s'avise jamais de tout* (1), qui est un de

---

(1) Cette pièce fut le premier ouvrage de Sédaine, dont Monsigni composa la musique; cet artiste célèbre n'a pas moins de mérite dans son genre que Sédaine en avait dans le sien. Il y a même entre leurs talents une sorte d'analogie qui

ses meilleurs ouvrages, et qui fut joué, par ordre de la cour, à la Comédie italienne. Enfin, dans l'espace de cinq ans, Sédaine avait fait représenter six pièces, qui toutes étaient restées au théâtre; ce qui n'est pas une chose peu remarquable.

Ces ouvrages sont si connus, et Sédaine en a fait un si grand nombre, qu'il serait impossible et même inutile d'en faire ici une analyse suivie. Il est des auteurs dont, en pareil cas, il faudrait faire valoir les moindres productions; avec lui, au contraire, on est forcé de se restreindre. C'est par la même raison que je ne surcharge pas cet Éloge de ces compliments exaltés, nécessaires à la médiocrité en faveur de qui l'on veut intéresser, mais presque toujours insuffisants pour le génie qui brille de son seul éclat. L'éloge d'un auteur est dans ses succès, comme celui d'un honnête homme est dans ses actions, et le simple récit des uns et des autres est le plus digne hommage

a dû nécessairement contribuer aux nombreux succès qu'ils ont obtenus en travaillant ensemble. (Voyez l'*Almanach des Théâtres.*)

qu'on puisse offrir à la mémoire d'un homme. Je continue donc ce récit.

Sédaine, sûr de son talent, se livra sans réserve à sa facilité naturelle. En trois nouvelles années, il enrichit le répertoire de la Comédie italienne de quatre nouvelles pièces : *le Roi et le Fermier*, *l'Anneau perdu et retrouvé*, *Rose et Colas*, et *les Sabots*. Mais ce qu'on aura peine à croire, c'est que *Rose et Colas*, cet ouvrage si remarquable, que, depuis trente-quatre ans, on voit toujours avec un nouveau plaisir, ne réussit complétement qu'après la septième représentation. Une chose qui paraîtra plus surprenante encore, c'est que *le Philosophe sans le savoir* éprouva le même sort.

Mais c'est ici l'instant de m'arrêter et de parler de cette pièce, qui, comme ouvrage sérieux, en cinq actes, et dénué du secours de la musique, est une des bases les plus solides de la réputation littéraire de Sédaine.

Il disait souvent qu'*il fallait être au moins un an à faire le plan d'une pièce; mais qu'on pouvait* n'être qu'un mois à l'écrire. Ce fut ainsi qu'il composa *le Philosophe sans le savoir.*

Une jeune fille qui demeurait dans sa maison, et qui s'intéressait à lui, sans s'en douter elle-même, lui fournit le personnage de *Victorine.* On sait combien ce caractère répand d'amabilité sur le fond de ce sujet vraiment pathétique. C'est un des grands mérites de Sédaine, que cet art d'opposer une situation douce à une situation pénible, et de faire, par ce moyen, reposer le cœur pour lui donner après une plus forte secousse. Une qualité qui le caractérise encore, c'est cette connaissance parfaite de la scène, qui le rend, pour ainsi dire, maître absolu des sensations du spectateur. Dans ses ouvrages, tout paraît amené naturellement : rien ne détruit l'illusion. Les événements les plus terribles, comme les plus heureux, y semblent une suite nécessaire de ce qui les a précédés; aussi ne ressemblent-ils pas à ces productions bizarres qui naissent et meurent avec la mode qui seule les a fait valoir. Ils plaisent et plairont toujours, parce qu'ils peignent la nature, et que la nature ne varie pas :

mais c'est dans *le Philosophe sans le savoir* qu'il a principalement développé ses plus grands moyens théâtrals. Il le composa dans le jardin de M. Lecomte, chez qui il demeurait toujours, et il se plaisait souvent à répéter que ces moments étaient ceux où il avait le mieux travaillé. Un jour, entre autres, l'illusion le gagna tellement, que, s'imaginant être ce père infortuné qui s'évanouit en entendant les trois coups fatals qui lui annoncent la mort de son fils, il s'évanouit lui-même. Cette situation est, en effet, une des plus déchirantes et des plus dramatiques de notre théâtre.

Cependant la pièce était achevée. Sédaine, qui sentait qu'elle était son meilleur ouvrage, désira, avant de la faire paraître, s'assurer du suffrage d'un homme d'un goût sûr. Il avait la plus haute estime pour Diderot. Il pria l'abbé Lemonnier, leur ami commun, de lui ménager l'occasion de le rencontrer. Diderot, comme on le sait, avait autant de bonhomie que de mérite. Il s'empressa de répondre aux avances de Sédaine qui lui lut son *Philosophe sans le savoir*. Diderot l'écouta avec cette attention scrupuleuse que les bons esprits savent donner aux bons ouvrages. Il fit même, dans le commencement, quelques observations; mais quand il eut entendu les derniers actes, enchanté, il se leva brusquement, et, embrassant Sédaine avec cette véhémence de sentiments qu'on lui connaissait, et à laquelle il mêlait souvent l'extrême affection qu'il avait pour sa famille, il s'écria : « Oui, mon ami, si tu n'étais pas si vieux, « je te donnerais ma fille. » A quelque temps de là, *le Philosophe sans le savoir* fut représenté à la Comédie française, et n'eut qu'un demi-succès, comme je l'ai déjà dit. Diderot, aussi bon ami que bon juge, ne put laisser échapper cette occasion de prouver à Sédaine combien il s'intéressait à lui, et, après la seconde représentation, devinant quelles pouvaient être les transes de son ami, il partit de chez lui, à onze heures du soir, au milieu de l'hiver, vint le trouver au faubourg Saint-Antoine où il demeurait, et du plus loin qu'il l'aperçut, lui cria : « Sois tran- « quille, ils en auront le démenti; la pièce est bonne, « elle réussira. » On sait à quel point cette prédiction s'est vérifiée, puisque cet ouvrage est encore aujourd'hui un de ceux que l'on revoit avec le plus de plaisir au Théâtre français.

Sédaine brillait à deux spectacles. Il sentit qu'il pouvait plus encore, et il fit l'opéra d'*Aline, reine de Golconde*, dont Monsigni composa la musique. Cette pièce, outre son mérite comme composition, avait du spectacle et de brillantes décorations : aussi son succès ne fut-il pas incertain. Sa pompe et le choix du sujet la firent principalement rechercher à la cour, où elle fut jouée avec le plus grand apparat.

L'auteur, obligé alors de s'y présenter, y porta cette franchise noble et indépendante qui caractérise le talent, et qui plaît à ceux mêmes qu'elle pourrait blesser. Aussi le maréchal de Maillebois disait-il un jour en le quittant : *Ce que j'en aime de cet homme-là, c'est qu'il ne nous aime pas.* Cependant le seul avantage que Sédaine tira de ce triomphe, fut de voir sa pièce jouée à Versailles. Trop fier pour demander des grâces, ou pour les acheter par des flatteries, il ne participa en rien aux récompenses de la cour, et s'en revint à Paris comme il en était parti; mais il y trouva sa plume, son talent, ses amis et sa réputation, qui sont le véritable bonheur et la véritable fortune de l'homme de lettres.

Le fruit de ses nouveaux travaux fut *la Gageure imprévue*, comédie en un acte et en prose, tirée d'une nouvelle de Scarron, intitulée *la Précaution inutile*. Cet ouvrage, qui peint avec tant de naturel et de gaieté les imprudences que le désœuvrement fait faire à une jeune femme, et l'adresse avec laquelle elle les répare, cet ouvrage, dis-je, semblait devoir réussir complétement, et, cependant, il n'eut encore, à la première représentation, comme *le Philosophe sans le savoir*, qu'un succès très-douteux. Je le répète, c'est une chose qui paraît d'abord étonnante que cette fatalité attachée aux ouvrages de Sédaine; car, on peut le dire, maintenant que 40 ans d'applaudissements ont réparé ces espèces de chutes, plus le talent de Sédaine se perfectionna, plus le public se montra, à cet égard, injuste envers lui; et depuis *Rose et Colas* aucune de ses pièces n'a réussi qu'après les premières représentations. Il s'y était même si bien accoutumé, qu'il en riait le premier. *Je les attends à la soixantième représentation*, disait-il un jour, en voyant le parterre mal accueillir un de ses ouvrages; et l'ouvrage eut plus de 60 représentations.

Cependant Sédaine avait cherché les causes de cette défaveur passagère. Il l'attribuait à la difficulté que les acteurs devaient avoir à bien saisir ce ton de simplicité qui lui était propre. Je crois que l'on pourrait avec plus de justice en accuser le public. La plupart des personnes qui vont au spectacle s'attendent à y voir des choses extraordinaires; aussi les pièces à décorations, à sentiments bizarres, réussissent-elles ordinairement de prime abord. Il n'en est pas de même, et cela doit être ainsi, de celles qui brillent principalement par la simplicité de l'intrigue et la vérité des tableaux. Le mérite de la ressemblance est bien moins frappant pour la multitude que celui de la nouveauté; elle aime à être étonnée, et ce n'est qu'après un moment de réflexion qu'elle revient à la vérité simple, dénuée d'emphase et de charlatanerie; mais ce retour est immanquable. Sédaine en eut une nouvelle preuve dans le succès qu'obtint bientôt sa *Gageure.* Elle fut jouée à Paris et dans les provinces un nombre de fois considérable; et nos meilleurs acteurs comiques choisissent encore cette pièce comme une des plus favorables au développement de leur jeu et de leur talent.

La fortune souriait à notre auteur. Il fut nommé secrétaire de l'académie d'architecture. Il venait de se marier, M. Lecomte n'existait plus, et cette place à laquelle était attaché un logement au Louvre, assurant enfin son avenir, il put se livrer uniquement à ses travaux littéraires, dans le calme d'une vie intérieure, la seule qui convînt à ses goûts, et la seule aussi qui convienne au véritable homme de lettres.

On l'a vu, jeune encore, devenir le soutien, le père de sa famille. On l'a vu, dans un âge plus avancé, s'acquérir l'estime générale par des talents qu'il ne devait qu'à lui seul. Que ne puis-je le représenter maintenant dans l'intérieur de sa nouvelle famille, dont il fit trente ans le bonheur! Que ne puis-je le montrer accueillant, élevant comme son propre fils, un jeune artiste devenu depuis si justement célèbre, et dont il pressentait déjà le grand talent (1)! Que ne puis-je entrer dans quelques détails sur ces actions touchantes, ces traits d'humanité qui le rendaient l'objet de la vénération de tous ceux qui le connaissaient! Mais la véritable générosité, la véritable grandeur d'âme craignent une vaine ostentation de paroles. Elles aiment à se cacher sous un voile qu'une main étrangère ne doit pas chercher à lever. Je laisse à ses amis, à ses obligés, le soin de publier leur amour et leur reconnaissance, et je vais continuer à le considérer sous un aspect plus général.

Ses ouvrages et ses succès s'accrurent sans cesse pendant l'espace de douze ans. Neuf opéras comiques, dont la plupart restèrent au théâtre, affermirent plus que jamais sa réputation. *Le Déserteur*, *Aucassin et Nicolette*, *Félix*, *le Magnifique*, étaient de ce nombre. On peut aussi mettre au rang de ses meilleures

(1) David.

productions *Maillard*, ou *Paris sauvé*, tragédie en prose, que les comédiens français avaient reçue, et qu'ils auraient jouée sans l'espèce de ridicule que Voltaire jeta sur ce genre qu'il n'aimait pas. Cette improbation du chef de notre littérature fut un oracle contre lequel personne n'osa réclamer. Cependant Voltaire savait apprécier les talents de Sédaine. A son dernier voyage à Paris, le rencontrant au sortir de l'Académie, où apparemment il s'était rappelé quelques plagiats littéraires, il lui dit : *Ah! M. Sédaine, c'est vous qui ne prenez rien à personne.* — *Aussi je ne suis pas riche*, répondit celui-ci. Repartie fine, qui donne une idée juste de son caractère, toujours modeste, et quelquefois un peu caustique.

Le petit revers que Sédaine éprouva pour sa tragédie de *Maillard*, ne fut pas, comme on peut le croire, le seul qu'il eut dans ce genre. Il faut tant de volontés réunies pour faire réussir le plus petit ouvrage, qu'un auteur philosophe est quelquefois encore plus étonné que charmé de ses succès. Sédaine avait fait pour l'impératrice de Russie deux pièces qu'elle lui avait demandées, et dont une seule fut jouée. Dans l'autre, il s'était plu tellement à dévoiler les intrigues secrètes des courtisans et des ministres, que ceux de l'impératrice, justement alarmés, se crurent obligés d'en empêcher la représentation. Elle-même n'insista pas et prit la chose en riant. *Mes ministres*, écrivait-elle en France, au baron de Grimm, *s'opposent à ce qu'on joue la pièce de Sédaine ; mais je m'en venge en la leur faisant lire.* Pour consoler l'auteur de ce petit échec, elle lui envoya 20,000 liv., qui sont la seule gratification de ce genre qu'il ait reçue sous l'ancien régime ; et il est assez remarquable que deux pièces, dont une seule a été représentée, aient valu à Sédaine, de la part d'une cour étrangère, une récompense que sollicitaient vainement, dans sa propre patrie, plus de vingt ouvrages joués avec succès.

Quelques années se passèrent sans qu'il donnât rien de nouveau au public. Le génie a ses caprices ; mais plus il tarde à se manifester, et plus son explosion est brillante. *Richard Cœur de Lion*, joué en 1784 avec un succès éclatant, vint mettre le sceau à la gloire de Sédaine, et lui ouvrit enfin les portes de l'Académie française.

Ce fut cependant contre l'avis de M. de Richelieu, qui protégeait une autre personne. Il le dit durement à Sédaine, en lui demandant quels étaient ses droits à cette place. *Monseigneur*, répondit Sédaine, *comptez-vous pour rien quarante ans de probité ?* Il eût pu et dû ajouter, et de succès littéraires.

En effet, si quelques censeurs sévères lui ont reproché des négligences, disons plus, des incorrections de style, combien de littérateurs distingués ne se sont-ils pas empressés de lui payer le tribut d'éloges qui lui était dû ! S'ils eussent réfléchi davantage, ces censeurs, ils auraient vu que les défauts de Sédaine tenaient essentiellement à ses qualités. Il est presque impossible qu'un écrivain soit à la fois et très-fécond et très-correct ; que son style soit à la fois et très-naturel et très-élégant. Ce choix heureux d'expressions que cherche une oreille délicate, fruit d'un travail long et pénible, ne convient pas à tous les genres, non plus qu'à tous les hommes. En un mot, Sédaine était le peintre de la nature, comme Chaulieu était celui des grâces. Tous deux auraient également perdu à trop s'astreindre aux lois sévères de l'art, et la postérité qui a rendu justice à l'un, ne peut la refuser à l'autre.

Le nouvel académicien ne tarda pas à augmenter encore sa célébrité. *Le Comte Albert, sa suite,* et *Raoul Barbe bleue,* donnés quelques années après *Richard Cœur de Lion,* n'eurent pas un moindre succès. Enfin, l'opéra de *Guillaume Tell,* dont Grétry a fait la musique, et qui fut accueilli avec une sorte d'enthousiasme, *Guillaume Tell* prouva au public qu'à 72 ans, l'auteur du *Philosophe sans le savoir* et de *la Gageure* n'avait rien perdu de ce talent qui lui avait valu l'estime de tous les littérateurs et les applaudissements de toute la France. Quoique *Guillaume Tell* soit la dernière pièce qu'il ait fait représenter, elle ne fut cependant pas son dernier ouvrage. Il vécut encore six ans après cette époque, et l'homme de lettres ne peut vivre sans travailler. Il fit pendant cet espace de temps quatre autres pièces, que des circonstances ont empêché de paraître, et qui seront imprimées dans le recueil général de ses œuvres.

Il s'en occupait même encore lorsque sa dernière maladie vint le saisir. Elle fut longue et pénible. Il semble qu'il y ait plus à mourir dans un homme d'esprit que dans un homme ordinaire. Ses amis conservèrent longtemps l'espoir de le sauver. Lui-même s'en flattait et le désirait vivement; car il était trop heureux pour ne pas aimer la vie; mais sa maladie s'augmentant de jour en jour, la guérison en devint tout à fait impossible. Il y succomba le 28 floréal dernier, laissant dans le cœur de tous ses amis, non pas cette douleur bruyante qui croit avoir beaucoup prouvé quand elle a beaucoup dit, mais ce sentiment intérieur qui s'exprime par le silence, et que le temps ni les pleurs ne peuvent affaiblir (1).

(1) Pendant le cours de sa maladie, Sédaine éprouva une crise si violente, que le bruit se répandit qu'elle était sa dernière. Les journaux s'empressèrent d'annoncer sa mort. Joseph la Vallée fit insérer à ce sujet, dans le *Courrier de Paris*, une lettre détaillée dans laquelle il se plaisait à rendre

Je voudrais pouvoir entrer ici dans plus de détails sur ses excellentes qualités; sur cette philosophie bienveillante, cet esprit à la fois éclairé et observateur, qui valurent à Sédaine tant de succès et tant d'amis; mais il n'appartient pas à une main jeune encore de dessiner ainsi ce patriarche de notre littérature. Le célèbre Ducis, avec qui il était lié depuis un temps considérable, et qui, comme il le dit lui-même, sentait vivement ses vertus et son génie, a publié sur lui une notice dans laquelle il s'étend principalement sur son caractère. Je crois ne pouvoir mieux finir cet Éloge qu'en empruntant quelques-unes de ses expressions. « Il aimait passionnément, dit
« M. Ducis, Molière, Montaigne et Shakspeare; il y
« trouvait le fonds immense de naturel, de raison, de
« force, de grâce, de variétés, de profondeur et de
« naïveté, qui caractérise ces grands hommes : aussi

à cet homme célèbre la justice qui lui était due. Par un hasard heureux, ce journal tomba dans les mains de Sédaine, et il eut le plaisir vif, et surtout nouveau, de recueillir lui-même les hommages que l'on rendait à sa mémoire.

« était-il né avec un sens exquis et une âme excellente.
« C'était tout naturellement qu'il voyait juste, comme
« c'était bonnement qu'il était bon. Il était intime-
« ment lié avec nos plus célèbres artistes, avec de
« Wailly, de Peyre, avec Pajou, avec Houdon. Ce
« sont eux qui, avec son fils, avec David, son élève,
« ou plutôt son second fils, l'ont accompagné à sa
« dernière demeure. Il était pensif, intérieur, très-
« sensible, nécessairement susceptible, sans être diffi-
« cile et sans se plaindre; vif, mais capable d'empire
« sur lui-même; connaissant trop les hommes pour
« compter beaucoup sur leur reconnaissance et pour
« ne pas s'attendre à leurs injustices, mais sachant les
« taire et les pardonner. »

J'ajouterai qu'il fut toujours à l'abri de cette jalousie de métier, de cet orgueil exclusif, fléau de la
littérature et des littérateurs, qui porte à la fois dans
l'âme l'indignation et le découragement. Jeune, il fut
modeste; vieux, il fut indulgent. Sûr de son talent,
jamais on ne l'entendit déprécier celui de personne,
et jusqu'à son dernier moment il conserva ce calme,

cette lucidité d'esprit, cette amabilité tranquille qui n'appartiennent qu'à un homme supérieur. Il laisse après lui une épouse vertueuse, qui, trente ans, a fait son bonheur, des enfants en qui l'on retrouve la droiture et l'élévation de ses sentiments, et des amis qui ne prononcent point son nom sans respect et sans attendrissement.

Paris, 1797.

ÉLOGE
DE GAVINIÉS,

LU A LA 65ᵉ SÉANCE PUBLIQUE DU LYCÉE DES ARTS,
LE 20 FRUCTIDOR AN IX (16 SEPTEMBRE 1802).

ÉLOGE
DE GAVINIÉS.

La mort a enlevé au Lycée un de ses membres les plus respectables, Gaviniés, célèbre violon, qui joignait au talent de la composition celui d'une exécution parfaite, et dont la renommée, quoiqu'elle soit déjà loin de nous, a pourtant laissé des traces dans tous les souvenirs.

Un des devoirs de ceux qui survivent à l'homme honoré de l'estime et des applaudissements du public est, sans doute, de rendre un dernier hommage à sa mémoire; mais, il faut l'avouer, il est des talents pour qui cette noble récompense n'est pas seulement un devoir, mais une nécessité, et de ce nombre est la musique, considérée sous le rapport de l'exécution. Le peintre laisse après lui des tableaux, qui redisent son nom à la postérité; le poëte, des vers; l'architecte, des monuments; mais celui qui a passé sa jeunesse à s'instruire péniblement dans l'art de tirer des sons faciles et mélodieux d'un instrument; celui qui, vainqueur des difficultés, n'a jamais paru en public sans exciter un enthousiasme universel, voit à ses derniers moments, que dis-je? avant même qu'il y soit parvenu, son talent ingrat descendre dans la tombe avec lui, et n'attacher à son nom qu'un souvenir intéressant, mais vague, que l'esprit conçoit, mais qu'il ne peut déterminer. C'est donc acquitter une véritable dette que de fixer alors les idées en rappelant l'existence et les succès d'un artiste célèbre; et c'est ce qui m'a engagée à faire, au nom du Lycée, l'éloge de celui qu'il vient de perdre.

L'histoire de sa vie sera peu brillante et peu remplie d'événements; car il préférait les arts à la gloire, et les jouissances du cœur à celles de l'amour-propre ; mais honnête homme et homme à talent, son nom et ses succès rappelés à chaque instant, répandront, je l'espère, quelque intérêt sur les pages de cette simple et fidèle narration.

Pierre GAVINIÉS naquit à Bordeaux, en 1726. Doué d'une imagination ardente et d'une sensibilité profonde, il annonça de bonne heure ce qu'il devait être. Son père, artiste distingué, pour cultiver ses heureuses dispositions, prit chez lui un maître de violon, dont les soins assidus ne tardèrent pas à développer dans son élève un talent qui ne cherchait qu'à éclore. Sans doute aussi les artistes dont il était entouré contribuèrent beaucoup à ses étonnants progrès. Il ne suffit pas d'ensemencer la terre que l'on veut faire produire, il faut encore que le climat, que la température, soient favorables à la jeune plante qui vient de naître. Celui qui est destiné à cultiver un art doit, pour ainsi dire, respirer en naissant l'air de cet art, grandir, croître avec lui, et par là s'identifier à ses plus intimes secrets, sans s'en apercevoir lui-même. C'est par cette raison que les gens riches épuisent souvent en vain les trésors de leur bourse, pour donner à leurs enfants des talents étrangers chez eux, tandis que le fils, la fille du professeur, viennent, au sortir de l'enfance, briller dans nos salons par leurs talents déjà formés, et recevoir dans nos concerts les applaudissements du public.

Gaviniés fut une preuve de ce que j'avance. Dès l'âge de treize ans, il pouvait se passer des conseils de son maître, et il parut si supérieur à ce qui l'entourait, que son père résolut de l'amener à Paris. L'effet qu'il y produisit fut tel qu'on l'avait espéré. Entendu d'abord dans quelques maisons particulières, il fut bientôt recherché du directeur du concert spirituel. Il y débuta à l'âge de quatorze ans, et il fut accueilli avec tant d'enthousiasme, qu'on le fit jouer dans trois concerts de suite; chose rare alors, qui devint un des premiers fondements de sa célébrité, et lui valut des protections brillantes, parmi lesquelles il comptait celle du duc d'Orléans (1), qui l'attacha à sa musi-

(1) Petit-fils du régent.

que. Il lui eût été facile d'être aussi de la musique du roi. Son père le désirait vivement; mais le jeune artiste, qui déjà portait impatiemment le joug qu'on lui avait imposé, refusa constamment de rechercher ce surcroît d'honneur, qu'il ne considérait que comme un surcroît de dépendance. Les sollicitations de son père lui devinrent même tellement à charge, que, pour s'en affranchir, par une de ces folies de jeunesse qui sont le côté faible d'une imagination ardente, il quitta secrètement Paris, résolu de voyager, et muni de quelque argent que, comme de raison, il croyait inépuisable. Une intrigue d'amour, mêlée à sa fuite, la rendit plus grave. Il fut arrêté à quatre lieues de Paris, et mis en prison, où il resta un an; peine un peu forte, sans doute, mais qu'alors les pères avaient le droit d'infliger à leurs enfants pour ces sortes de fautes.

Les esprits vifs prennent facilement leur parti. Gaviniés se résigna; il fit plus, il forma le projet de consacrer à l'étude le temps de sa détention; et il effectua ce projet avec tant de zèle et de succès, que c'est aussi à cette circonstance qu'il doit la brillante réputation dont il a joui. La lecture, la composition, occupaient également ses loisirs, et ce fut dans une de ces inspirations mélancoliques et sentimentales si favorables aux beaux-arts, qu'il composa la romance connue sous le nom de *Romance de Gaviniés*, qui eut une vogue prodigieuse. Il la disait sur son violon avec un sentiment et une grâce admirables; et même, dans les dernières années de sa vie, ce n'était pas sans plaisir qu'on la lui entendait jouer : cependant je ferai observer que cet air était dans le style français, style bien ridiculisé aujourd'hui; mais en partie inhérent à notre langue, à notre manière de sentir la musique, et surtout si favorable à la romance, que, malgré le mérite des compositeurs étrangers qui nous enrichissent de leurs productions, ils ne deviendront pas nos maîtres en ce genre. Et si la romance de Gaviniés ne suffit pas pour le prouver, je rappellerai ces airs touchants si souvent répétés : *Charmante Gabrielle;* — *O ma tendre musette! — Que ne suis-je la fougère!* et tant d'autres que (soyons de bonne foi) nous n'entendons jamais sans ressentir une sorte de charme semblable à celui que l'on éprouve en se retrouvant dans son pays natal.

Gaviniés, devenu libre, revint chez son père, avec qui il continua de vivre en fils tendre et respectueux, et il résolut de se dévouer entièrement à son art dont il devint en quelque sorte le créateur; car la musique, surtout la musique d'exécution, n'avait alors aucun rapport avec ce qu'elle est devenue depuis. On vit aussi se développer tout à fait en lui cette ardeur, cet esprit d'indépendance, ce juste orgueil, qui semblent être le cachet du véritable artiste. Recherché, applaudi dans toutes les sociétés, chez les grands, chez les princes, il y portait, avec son talent, l'amabilité d'un homme du monde et la noble fierté d'un artiste qui cède au désir qu'on a de l'entendre, sans permettre que l'on abuse de sa complaisance. La fécondité de son génie musical aurait seule suffi pour le rendre célèbre; le moindre petit air devenait intéressant sous ses doigts, par les agréments simples et naturels dont il l'embellissait. Quelle que fût la musique qu'on lui présentât, il savait y ajouter ou y substituer de nouveaux traits, de nouveaux chants, qu'il improvisait avec tant d'art et de talent, que jamais ils ne nuisaient à l'expression, ni ne gênaient l'harmonie. Il aimait surtout à faire ce tour de force sur les ouvrages des jeunes compositeurs : pour les satisfaire, il les jouait d'abord tels qu'ils les avaient écrits; mais ensuite, se les appropriant, il les répétait à sa manière, et faisait, en quelque sorte, une nouvelle musique de celle qu'on venait d'entendre. Son exécution était sûre et brillante; mais ce qu'il avait par-dessus tout, ce qui lui était propre et l'eût fait distinguer entre mille autres, était une *qualité de son* si pure, si expressive, qu'il semblait faire parler et soupirer son violon : aussi excellait-il principalement à jouer les *adagio*, ces pièces d'un mouvement lent et mélancolique, que l'on pourrait appeler la musique du cœur. Il n'avait point de rivaux dans son pays; bientôt il prouva qu'il n'avait point de maîtres chez l'étranger, en luttant victorieusement contre *Ferrari*, *Pugnani*, *Stamitz*, célèbres virtuoses italiens et allemand. *Viotti*, dans un temps plus voisin du nôtre, se plaisait aussi à rendre justice à Gaviniés déjà vieux, et le nommait le *Tartini de la France* : et son mérite était d'autant plus grand, que, je le répète, lorsqu'il commença à briller, son art était chez nous dans une espèce d'enfance, dont on ne se fera une idée juste qu'en songeant que, sous Louis XIV, ceux qui jouaient du violon ne démanchaient pas encore (1).

Gaviniés, recueillant ainsi les lauriers dus à son talent, n'en négligeait pas les devoirs. Il consacrait ses matinées à recevoir chez lui de jeunes élèves, et il les instruisait avec un zèle et une patience vraiment paternels; ce qu'il ne cessa point de faire depuis l'âge de vingt-trois ans jusqu'à sa mort : aussi le succès répondit-il à ses infatigables soins. C'est à lui que l'on doit le talent de Bertheaume, de Caperon, qui égala

(1) On raconte que lorsqu'il fallait, par hasard, qu'ils prissent l'*ut*, que l'on peut faire sans démancher, par un écart du petit doigt, ils s'en avertissaient, comme si c'eût été un grand écueil, en se disant : *Gare l'ut !*

son maître; de Lemierre, de Leduc, d'Imbauldt, et de beaucoup d'autres que nous applaudissons aujourd'hui dans nos concerts. Mais ce qu'on admirait plus encore en lui, était le désintéressement et la grandeur d'âme qui étaient la base de toutes ses actions. Il suffisait, pour être mis au nombre de ses élèves, d'avoir des dispositions et d'être dans l'indigence. Jamais il ne consentit à recevoir aucun honoraire de ceux qui se destinaient à faire leur état de la musique. Bien plus, par une sorte de bizarrerie généreuse qui lui était propre, il se plaisait à les enseigner de préférence aux autres; et maintes fois des jeunes gens riches sont revenus de chez lui, après avoir inutilement attendu, pendant des heures entières, une leçon qu'ils voyaient donner au jeune artiste peu fortuné. Il ne se bornait pas en cela à ce qu'il pouvait faire par lui-même : quelques-uns de ses élèves, montrant peu de dispositions pour le violon, il leur procura, à ses frais, un maître d'un autre instrument; et pour que des idées de nécessité ne vinssent pas les troubler dans leurs études, il donna à plusieurs, pendant longtemps, une somme suffisante pour leur nourriture; qu'il leur payait exactement chaque mois. Mais sa bienfaisance n'était pas encore satisfaite : il semblait que toute la jeunesse studieuse y eût une part égale. Il apprit, en 1769, que dans les écoles gratuites de dessin, dirigées par M. Bachelier, on n'avait assigné aucune somme pour entretenir les élèves de crayons et de dessins : frappé du désir de réparer cette négligence, il imagina que des concerts donnés dans une intention si louable auraient un grand succès; il ne se trompa point. Il en donna cinq de suite, et son influence fut telle, que le premier rapporta mille louis. Il y joua un nouveau *concerto*, qu'il avait fait exprès, et il fut accueilli avec cet enthousiasme que l'homme qui fait une belle action inspire toujours, non-seulement à celui qui la ferait comme lui, mais encore à ceux qui n'en seraient pas capables.

Cependant, cet estimable artiste ne fut pas plus qu'un autre à l'abri des désagréments attachés à la générosité et surtout au mérite. Il fit grand nombre d'ingrats; mais il s'en affectait peu, car il faisait le bien pour l'amour seul du bien. Un coup qui le blessa davantage, en ce qu'il le frappait dans son art même, fut l'injustice qu'on lui fit de lui ôter la direction du concert spirituel, qu'il avait eue pendant quatre ans, pour en favoriser Legros, acteur de l'Opéra. Il restait cinq concerts à donner pendant le reste de son administration. Il s'appliqua à les rendre plus brillants qu'ils eussent jamais été; et, pour prouver que l'intérêt n'était point la cause de son zèle ni de ses justes plaintes, il abandonna aux musiciens qui formaient l'orchestre les sommes auxquelles il avait droit sur le produit de ces concerts.

Mais il ne faut pas que j'oublie de parler d'une chose qui ne peut qu'ajouter à la bonne opinion que, sans doute, on a déjà conçue de lui: je veux dire l'art qu'il eut de plaire aux femmes par son amabilité et sa galanterie, et l'amour qu'il eut pour elles, suite, ou peut-être principe de celui qu'il avait pour les beaux-arts. S'il est vrai, comme on l'a dit tant de fois, que les femmes décident de l'existence des hommes, Gaviniés fut une preuve de cette vérité; il semblait ne vivre que pour elles et par elles. Pendant sa longue carrière, il eut presque toujours le bonheur d'avoir de tendres attachements, et le bonheur plus grand de se voir payer de retour : et qu'on ne pense pas qu'un sentiment frivole ou grossier le dirigeât dans ses inclinations! Peu d'hommes ont eu des mœurs aussi pures, et ont connu mieux que lui le charme des longues liaisons. Il aimait les femmes; mais il les estimait, il les vénérait. Elles lui semblaient avoir, suivant l'expression des Germains, *quelque chose de divin.* Il ne croyait pas non plus que les hommes dussent avoir avec elles une probité différente de celle qu'ils ont entre eux. La foi de ses engagements lui fut sacrée, de quelque nature qu'ils fussent : un exemple fera connaître quelle était, et dans les moindres circonstances, sa religion à cet égard. Le duc d'Orléans, ayant un concert chez lui, un dimanche, le fit prier à diverses reprises de s'y trouver; mais il refusa obstinément, sans alléguer d'autre raison que l'usage où il était de faire, ce jour-là, de la musique chez une dame de ses amies.

Ses dernières années ne furent pas ce qu'elles auraient dû être. La révolution lui enleva quelques rentes auxquelles il avait borné ses modestes désirs, et, déjà vieux, il se vit sans autres ressources que l'amitié des artistes et l'estime du public. On donna alors plusieurs concerts à son bénéfice, entre autres un à l'Opéra, où la recette, quoique en assignats, équivalut à la somme de 6,400 liv. en numéraire; mais à peine avait-il touché cet argent, qu'apprenant qu'une famille peu fortunée, à laquelle il s'intéressait, se trouvait dans une fâcheuse position, il se crut heureux de pouvoir le lui offrir; beau trait qui, si je ne me trompe, sera plus admiré qu'imité.

Ce fut à peu près vers ce temps que le Lycée des Arts offrit, dans une de ses séances publiques, une couronne à Gaviniés. On trouve des forces contre ce qui blesse, on n'en trouve pas contre ce qui touche. Ce vieillard, qui avait supporté avec fermeté l'entier bouleversement de sa fortune, ne put résister à l'émotion que lui causa cet hommage, auquel il ne s'attendait pas. Il voulut remercier le Lycée et l'assemblée;

mais des larmes d'attendrissement venant, malgré lui, l'interrompre, il ne put articuler que des mots mal arrangés; éloquence de l'âme, qui va si sûrement à l'âme, et qui rendit cette cérémonie aussi touchante pour les spectateurs qu'elle était honorable pour lui. Cependant, dénué de tout moyen d'existence, il avait accepté une place de simple violon au théâtre de la rue de Louvois. Bien que, dans cette triste situation, on ne le vît jamais ni humilié, ni même attristé, il n'en était pas moins pénible, pour ceux qui le connaissaient, de voir le célèbre Gaviniés, septuagénaire, qui avait dirigé tant d'orchestres, venir régulièrement, une ou deux fois par jour, prendre modestement sa place parmi les musiciens qui composaient l'orchestre: mais son malheur avait assez duré; le Conservatoire de musique s'éleva, et il y fut nommé professeur de violon, place qu'il remplit jusqu'à sa mort, avec autant d'exactitude que de succès.

Il semblait que le sort, n'ayant point voulu laisser mourir malheureux celui qui avait fait tant de bien, eût attendu, pour le conduire à son terme, qu'il eût vu luire encore quelques jours sereins. Les troubles publics étaient calmés, l'amour des arts commençait à renaître, lorsqu'une maladie de langueur fit pressentir aux amis de Gaviniés (âgé alors de soixante-seize ans) qu'ils allaient le perdre. Lui-même s'en aperçut, et attendit ce coup avec calme et résignation. Une circonstance qui le lui adoucit encore, fut l'affection d'une famille qu'il s'était attachée depuis plusieurs années, et qui, jusqu'à son dernier instant, lui prodigua les plus tendres soins. Sans doute, il eût mieux valu qu'alors, dans ces moments où les illusions de la vie s'évanouissent, il eût été entouré par une épouse en pleurs et des enfants héritiers de son nom et de ses vertus. Sans doute, célibataire, il mourait sans avoir acquitté la dette la plus sacrée que nous aient imposée la société et la nature ; mais des indigents secourus, des amis aidés, des jeunes gens élevés, des familles entières adoptées, qui, remplissant son âme, ne permettaient en quelque sorte à aucun autre sentiment de ce genre de s'en emparer ; ces grandes et généreuses actions ne laisseront sûrement à personne le courage de lui reprocher un tort si dignement compensé.

Lorsque Gaviniés mourut, on n'avait encore rien décidé sur les cérémonies si nécessaires à observer dans les convois; mais les membres du Conservatoire, devançant les sages arrêtés que l'on a pris depuis à cet égard, s'empressèrent d'honorer les restes de leur ancien camarade. Il fut porté au Conservatoire, où s'étaient réunis tous ceux qui composent cet établissement. Là, de jeunes élèves exécutèrent des hymnes funèbres, à la suite desquels le directeur du Conservatoire lut un discours touchant, qui, joint à la tristesse du spectacle, arracha des larmes de tous les yeux. Enfin, cet honorable cortége le conduisit à sa dernière demeure, et chacun, en le quittant pour jamais, alla déposer une branche de cyprès sur sa tombe.

Gaviniés, comme on le voit, n'était pas un homme ordinaire. Au génie de son art, il joignait un jugement sûr et un esprit éclairé : aussi fut-il lié avec plusieurs grands hommes de son temps, parmi lesquels il comptait avec orgueil et respect l'immortel J. J. Rousseau. On lui reprochait cependant de la bizarrerie, de la causticité, et une vivacité qui, quelquefois, lui faisait passer les bornes de la raison; mais ces défauts mêmes sont les erreurs d'une âme forte, qu'il ne faut pas confondre avec les travers d'un petit esprit. J'ajouterai, pour terminer, que, loin de ressembler à ces vieillards qui ne trouvent bon que ce que l'on faisait autrefois, il se plaisait à rendre justice aux jeunes artistes, par lesquels il aimait à se voir surpasser. Bien plus, par une suite de son excellent esprit, il adopta successivement les changements heureux que le temps apporta dans la musique; tellement qu'après avoir fait faire tant de progrès à son art, il le suivait, pour ainsi dire, dans les progrès qu'il faisait sans lui. Il a publié un grand nombre de sonates, de concertos; le *Prétendu*, intermède joué aux Italiens, et entre autres un recueil intitulé : *Les vingt-quatre matinées*, qu'il composa l'année même de sa mort. Malheureusement la musique est, plus que tout autre art, soumise aux caprices de la mode : de nouvelles productions pourront faire négliger celles de Gaviniés; mais le souvenir de son grand talent, de ses belles actions et de ses excellentes qualités, sera toujours cher à l'artiste et à l'homme de bien.

Paris, 1802.

ÉLOGE
DE LA LANDE,

LU AU LYCÉE DES ARTS, LE 18 JUIN 1809.

J'entrerai ici dans quelques détails sur les circonstances qui m'ont engagée à me charger de ce petit ouvrage dans lequel j'avais à rendre compte, non de travaux littéraires, mais de travaux scientifiques.

La Lande, après m'avoir entendue lire l'éloge de Sédaine, dans une des séances du Lycée des Arts, vint me prier de faire aussi le sien, quand il ne serait plus. Le genre d'études et de recherches qu'exigeait cet éloge, me fit d'abord hésiter; mais je ne pus refuser de donner cette dernière preuve d'estime à un savant célèbre, et qui, depuis longtemps, était au nombre de mes amis. Il mourut quelques années après. M. Delambre, son élève, et l'un des secrétaires perpétuels de l'Institut, devait, suivant l'usage, lire, dans une séance publique, un discours sur sa vie et ses ouvrages, et je crus devoir attendre qu'il eût rendu cet hommage à sa mémoire pour faire paraître cet éloge, qui fut lu aussi au Lycée des Arts. J'avais demandé à La Lande des notes, qu'il m'avait données, et dans lesquelles j'ai puisé en grande partie ce que je dis de ses nombreux travaux, et de sa longue et studieuse carrière : on lira, je crois, avec intérêt la lettre suivante qu'il avait jointe à ces notes :

« Madame,

« Puisque vous daignez me dire que je puis
« compter sur vous après ma mort, j'ai du
« plaisir à vous confier les anecdotes de ma
« vie littéraire et savante; je vous les envoie
« à mesure qu'elles se présentent : mon excuse
« est dans Tacite, qui dit : *Que c'est de*
« *la confiance et non de l'arrogance.*

« Le célèbre Huet m'en a donné l'exemple
« dans son livre intitulé : *Huetis Commen-*
« *tarius de rebus ad eum pertinentibus.*
« Amstel. 1718.

« Le duc de la Rochefoucauld, mort le
« 16 mars 1680, voulant faire son portrait,
« disait :

« *Je me suis assez bien étudié pour me*

« *bien connaître, et je ne manquerai ni d'as-*
« *surance pour dire librement ce que je puis*
« *avoir de bonnes qualités, ni de sincérité pour*
« *avouer franchement ce que j'ai de défauts.*

« Je ne me flatte pas de cette impartialité,
« elle est impossible peut-être : quoi qu'il en
« soit, j'ai dit ce que je pense.

« J'ai l'honneur, etc. »

1804.

Quelques amis de La Lande m'ont aussi donné des notes fort curieuses sur sa jeunesse, sa première éducation, et sa vie privée. Je n'ai pu faire entrer dans cet éloge qu'un petit nombre de ces détails ; mais en le faisant reparaître aujourd'hui, j'y ai ajouté une note dans laquelle je rappelle ceux qui m'ont paru les plus remarquables, et aussi plusieurs anecdotes qui achèveront de prouver à quel point ce savant si renommé était digne, et sous tous les rapports, de l'estime publique dont il jouissait (1). Rien cependant ne faisant si bien connaître un homme que ce qu'il dit de lui-même, j'ai extrait des propres notes de La Lande tout ce qui peut donner une idée juste de son caractère, de ses opinions, et même des singularités qu'on lui reprochait; et je crois faire un cadeau au public en plaçant à la suite de l'histoire de sa vie, ce morceau original, dans lequel les personnes qui l'ont connu le retrouvent à chaque mot.

Le Lycée des Arts, dont il était membre, m'ayant également priée de me charger de son éloge, c'est, comme on le verra, en son nom que j'ai rendu ce dernier hommage à notre célèbre astronome.

(1) Voyez la note à la fin de ce volume, page 337.

ÉLOGE
DE LA LANDE.

L'ÉLOGE de LA LANDE ayant été lu publiquement à l'Institut par M. DELAMBRE (1), il y a sans doute quelque témérité à faire ici le même éloge et à redire nécessairement une partie de ce qui a déjà été dit ; mais un motif puissant nous détermine. La Lande,

(1) Voyez les numéros du *Moniteur* des 10 et 11 janvier 1808.

membre de l'Institut, l'était aussi du Lycée des Arts. L'amour qu'il n'a cessé d'avoir pour les sciences, les lettres et les arts, lui rendait chère une société uniquement animée par le même sentiment, et c'est remplir un devoir sacré pour nous, que de célébrer sa mémoire dans un lieu plein de son souvenir, et où nous croyons encore entendre sa voix s'élever en faveur du bien général et du progrès des lumières, nobles passions qui l'enflammèrent jusqu'au dernier moment de sa vie. On est loin d'ailleurs d'avoir épuisé un si riche sujet : l'activité, la bienfaisance de cet homme célèbre furent telles que, de quelque manière qu'on ait pu le louer, il nous reste plusieurs anecdotes à faire connaître, plusieurs traits d'humanité et de grandeur d'âme à citer, plusieurs ouvrages à rappeler : c'est ce que nous allons faire. Disons-le aussi d'avance : nous ne nous tairons pas sur des torts qu'il se donna, sur des travers dont il ne fut pas exempt; faiblesses que la nature semble se plaire à attacher aux grandes qualités, et que l'envie et la malignité, toujours avides de pâture, s'empressent de recueillir et de divulguer, comme pour se consoler des succès du mérite auquel elles ne peuvent atteindre.

Joseph-Jérôme LE FRANÇAIS, connu sous le nom de LA LANDE, membre de la Légion d'honneur, de l'Académie des Sciences, de l'Institut, du Bureau des Longitudes, professeur d'astronomie au Collége de France, associé de toutes les Académies savantes, naquit à Bourg, département de l'Ain, le 17 juillet 1732. Chéri de ses parents, qui jouissaient d'une fortune honnête, doué de cette imagination ardente qui nous fait pressentir ce que nous devons être, il s'abandonna de bonne heure à une vivacité d'esprit, à une indépendance de manières et d'opinions qu'il fut souvent obligé de réprimer par la suite, mais qui restèrent pourtant un des traits les plus marquants de son caractère. Au sortir de l'enfance, le goût de l'étude, et surtout des sciences exactes, se manifesta en lui : il aimait à observer, à mesurer, à questionner. Il demandait à son père de quelle manière les étoiles étaient attachées au ciel. A peine avait-il douze ans qu'il s'échappait le soir, et allait observer une comète qui parut alors. Quand il était à la campagne, il montait sur les arbres pour ne rien perdre du lever et du coucher des différentes constellations. Le besoin de se distinguer lui donnait aussi, même avant ce temps, l'instinct de l'éloquence. Il se plaisait à raconter, à émouvoir ; il faisait de petits sermons qu'il débitait avec succès devant sa famille assemblée : mais il était né pour l'astronomie : le hasard lui ayant fait apercevoir un télescope entre les mains d'un étranger, qui lui en expliqua l'usage, il se sentit comme transporté hors de lui-même, et il parvint à se faire, sur le toit de la maison qu'il habitait, une manière d'observatoire, où il plaça divers instruments dont plusieurs existaient encore à sa mort.

Ses parents l'envoyèrent, en 1744, au collége des jésuites à Lyon. Il y manifesta le même amour de l'étude. Il y consacrait jusqu'aux heures de récréation, pendant lesquelles il se cachait pour échapper à ses camarades. Quelques années passées dans cette vie studieuse la lui rendirent si chère, que pour mieux s'y livrer, il voulait entrer au noviciat des jésuites; mais les pleurs de sa mère, à laquelle il ne sut jamais résister, arrêtèrent cet enthousiasme de jeune homme. Cependant les sciences ne suffisaient pas à son imagination ardente. Quoique le P. Béraud, son premier maître, portât sans cesse son goût vers l'astronomie, les talents du P. Tholomas, professeur d'éloquence, lui firent une impression si vive que, pendant plus d'une année, il se livra presque entièrement à l'étude des belles-lettres : mais il eut à soutenir, vers ce temps, une thèse générale sur toutes les parties de la philosophie, et principalement sur l'astronomie; il fit pour son usage des éléments d'astronomie en latin : il fut aussi, à ce que l'on assure, frappé d'admiration à la vue d'une éclipse qui eut lieu alors, et ces circonstances réunies le rendirent enfin aux sciences : c'est ainsi que le hasard ou les passions nous égarent dans différentes routes, avant de nous faire connaître celle que nous devons suivre; mais ce que l'on apprend, chemin faisant, n'est pourtant jamais perdu. La Lande conserva toute sa vie le goût de la littérature, et, quoiqu'il s'en accusât souvent, comme d'un vol qu'il faisait aux sciences, il lui dut plusieurs ouvrages et plusieurs succès dont nous parlerons, et qui ajoutèrent beaucoup à sa réputation.

Sorti du collége, il vint faire son droit à Paris. Ses premiers pas le portèrent au Collége royal. On sait avec quelle noble générosité les savants en tous genres s'empressent d'accueillir et de guider les jeunes gens en qui ils reconnaissent un véritable désir de s'éclairer : La Lande eut à ce titre le bonheur d'intéresser plusieurs hommes du premier mérite. Instruit paternellement par Delisle, astronome, qui revenait alors de Pétersbourg; bientôt distingué par Maraldi, la Condamine, le P. Castel, et surtout par Lemonnier, à qui il s'attacha particulièrement, il fit en peu de temps des progrès si rapides que, quoiqu'il n'eût pas encore dix-huit ans, plusieurs de ses observations furent jugées dignes d'être inscrites sur les registres de ses maîtres, et parurent imprimées dans différents ouvrages. Cependant il venait d'être reçu licencié en droit et avocat ; il apprenait plusieurs langues, plusieurs sciences. On ne sait ce qu'on doit le plus admirer, ou de cette surprenante activité, ou de l'extrême reconnaissance qu'il avait pour ses maîtres. Dans l'âge même le plus avancé, il ne pouvait en parler sans une émotion visible. Tous restèrent ses amis, excepté Lemonnier, qui ne put oublier que dans une occasion essentielle, son élève, devenu célèbre, avait été d'un autre avis que lui. Cette discussion, où l'amour de la science emporta peut-être trop loin le jeune astronome, le fit bannir de la maison de son maître. Ce coup lui fut des plus sensibles ; mais, supérieur aux petites considérations de l'amour-propre, sans cesse renvoyé de chez Lemonnier, il y revenait sans cesse, et lui répétait ce qu'un ancien philosophe disait à son maître Diogène : « Vous ne « trouverez pas de bâton assez fort pour m'éloigner « de vous. »

Ses parents, qui le destinaient au barreau, le rappelèrent à Bourg. Pour les satisfaire, il y plaida plusieurs causes; ce qu'il fit avec facilité et éloquence; car la nature l'avait doué de cette promptitude de pensée, de cette véhémence d'expression qui émeut et persuade, et qui annonce à la fois la clarté de l'esprit et la sensibilité de l'âme. Sans doute il se serait fait un nom dans cette carrière, mais une circonstance imprévue vint enfin fixer sa destinée et lui assurer à jamais un autre genre de célébrité.

L'abbé de la Caille venait de partir pour le cap de Bonne-Espérance, dans l'intention de déterminer la distance de la lune à la terre; il demandait que l'on fît à ce sujet des observations à Berlin. Lemonnier, sûr de la capacité de son élève, obtint la permission d'y envoyer La Lande, qui accepta avec transport cette honorable mission, et qui partit aux frais du roi et avec l'autorisation de l'Académie des sciences. Il arriva à Berlin, en 1751, et fut présenté au roi par Maupertuis. On peut croire que ce ne fut pas sans quelque surprise que le grand Frédéric vit un astronome de dix-huit ans, chargé d'observations si importantes; mais il se connaissait en mérite. Il jugea et apprécia le jeune La Lande, et l'admit même à sa cour et dans ses sociétés intimes. Reçu peu après à l'Académie de Berlin, accueilli par Euler, Voltaire, d'Argens, Algarotti, électrisé par cette foule de savants et de gens de lettres qui environnaient le trône du roi de Prusse, il sentit redoubler en lui cet esprit libéral, cette soif de se distinguer qui l'avait dévoré dès sa naissance; son émulation, son enthousiasme, ses opinions, ses souvenirs, tout sembla pour lui prendre sa source dans ce foyer lumineux, et il passa à Berlin, dans cette espèce d'ivresse, une année qu'il nommait la plus délicieuse de sa vie, et qui en fut sans doute la plus décisive.

De retour à Paris, où il rapportait un travail considérable, il fut reçu à l'unanimité à l'Académie des sciences. Il suivit successivement des cours de chimie, de botanique, d'anatomie, d'histoire naturelle. Son esprit mobile, actif, et ambitieux de savoir, ne lui laissant pas concevoir qu'il dût ignorer quelque chose, il s'instruisit dans les arts utiles et agréables (1), dans les métiers, sur lesquels il publia même quelques ouvrages. Dès lors, comme il le fit jusqu'au dernier moment de sa vie, il se plaisait à éclairer la jeunesse, à mettre en évidence le mérite pauvre et ignoré, à l'aider de ses écrits, de ses conseils, de sa fortune; et dès lors son activité, sa franchise, son zèle quelquefois trop ardent, commencèrent à faire gronder sur sa tête cet orage de critiques dont il semblait aimer à se rendre l'objet, et auxquelles il ne répondait que par de nouveaux succès; enfin, quoique bien jeune encore, il se vit déjà illustré dans cette honorable carrière de savants travaux qu'il parcourut pendant soixante ans, avec une ardeur infatigable, et dans laquelle, quoi qu'en aient dit ses détracteurs, chacun de ses pas fut marqué par une action noble, utile, ou généreuse.

Cependant l'astronomie était sa passion dominante. A peine admis à l'Académie, il entreprit avec

(1) Il fit paraître, en 1751, un ouvrage ayant pour titre : *Principes de la science de l'Harmonie et de l'Art de la Musique.*

Clairaut, et poursuivit, pendant plus d'une année, un grand travail sur différentes parties de cette science, et principalement sur les comètes. On en attendait une vers ce temps, sur laquelle il fit des calculs immenses qui furent couronnés d'un plein succès. Il en publia l'histoire à la suite d'une traduction des Tables de Halley, auxquelles il avait fait des additions essentielles.

Il fit paraître le premier les éléments de plusieurs autres comètes.

Il eut aussi le courage de tenter de faire des tables plus exactes que celles de Halley, travail si considérable que toute l'existence d'un homme semble à peine y suffire, et dont il s'occupa en effet toute sa vie. Animé par l'espoir de réussir, tous les matins, en hiver, il allait, avant le lever du soleil, à son observatoire, qui était loin de chez lui; ce qu'il continua longtemps, quoique le succès ne couronnât pas toujours ses efforts.

Mais une circonstance plus brillante devait le rendre tout à fait célèbre. Deux passages de Vénus fixaient l'attention des savants : l'un devait avoir lieu en 1761 ; l'autre en 1769. La Lande fit une carte astronomique où l'instant de ces passages était marqué pour tous les pays du monde. Cet ingénieux travail, annoncé dans les journaux, porta son nom et sa réputation dans les lieux les plus éloignés. De toutes parts des savants, des grands, des souverains même, l'engagèrent à aller chez eux faire ses observations; mais, craignant les lenteurs inséparables des voyages, il resta à Paris, d'où il envoya à l'Académie de Pétersbourg des instruments et des observateurs, et où il reçut et publia le premier le résultat de cette grande entreprise dont il était pour ainsi dire le chef.

Tandis que les étrangers jouissaient ainsi du fruit de ses travaux, La Lande nous enrichissait par la traduction de tout ce qu'ils publiaient d'intéressant sur différentes sciences. Ce fut lui qui fit le premier connaître en France le *platine*, le *galvanisme*, et d'autres découvertes nouvelles. Levé tous les jours de grand matin, et s'étant fait une loi, qu'il n'enfreignit jamais, de travailler jusqu'à l'heure du dîner, il s'occupait sans relâche de ses observations et de plusieurs ouvrages importants dont nous parlerons. Cependant il lisait souvent des mémoires à l'Académie (1). Il envoyait aussi des discours aux académies de province et des pays étrangers, qui proposaient des questions philosophiques ; et, savant célèbre, on le vit remporter un prix d'éloquence à l'Académie de Marseille, et un autre à celle de Copenhague (2). Il publia en 1760, l'*Éloge du maréchal de Saxe*, et quelques années après, un *Discours sur la Douceur*, qu'il fit, dit-il dans ses Mémoires, pour s'étudier à vaincre la violence de son caractère. Outre tant de travaux, après avoir parcouru plusieurs ports de mer, il s'occupa essentiellement de la marine, sur laquelle il fit des cours et des ouvrages très-estimés, entre autres un *Traité sur les Canaux*, et un sur la *Navigation*. Les services qu'il rendit dans cette partie

(1) On en compte plus de 150.

(2) Le sujet proposé par l'Académie de Marseille était : *L'esprit assure la gloire et la durée des empires.*

de l'instruction le firent recevoir à l'Académie de marine de Brest, et lui valurent du gouvernement une pension de mille francs qu'il n'avait point sollicitée, dont il savait se passer, et que, plein d'un généreux dévouement, il consacra sur-le-champ à l'instruction d'un jeune élève.

Cependant la ville où il était né était, ainsi que ses habitants, l'objet constant de sa sollicitude : il y retournait tous les ans, et y était reçu avec transport (1); lui-même éprouvait l'émotion la plus vive en y revoyant les lieux, les amis témoins de son enfance, une foule de parents dont il était le généreux appui ; sa mère surtout, femme respectable et pieuse, qu'il accompagnait dans toutes ses pratiques de dévotion, et pour qui il avait une tendresse qui tenait de la vénération et du culte (2). Digne suc-

(1) Commerson et Dombey, botanistes, étaient nés dans le même pays; tous deux ont donné le nom de *la Landia* à une plante, en l'honneur de leur célèbre compatriote.

(2) La Lande avait perdu son père en 1755; il lui a con-

cesseur des Vaugelas, des Ozanam et autres hommes célèbres qu'a produits son pays, il cherchait à y rallumer l'amour des sciences et des lettres, et il y forma une société académique. Il parcourut aussi à diverses reprises toute sa province ; il obtint la permission d'y faire dessécher quelques marais, et il publia une

sacré un monument en marbre dans la principale église de Bourg. On lit dessus l'épitaphe et les vers suivants :

Petrus le Français universá civium voce pius, justus et beneficus, uxoriæ fidelitatis, paterni amoris ardentissimi exemplum. Obiit 26 *oct.* 1755, *ætatis* 63; *hoc virtutibus omnibus monumentum gratitudinis suæ testimonium post viginti annos adhuc lugens et ægre superstes posuit filius amantissimus,* Jos. Hier. le Français de La Lande.

> Toi dont l'âme sensible et tendre
> A fait ma gloire et mon bonheur,
> Je t'ai perdu ; près de ta cendre
> Je viens jouir de ma douleur.

Quoique par la suite sa position fût devenue très-brillante, La Lande ne voulut jamais rien changer de l'ameublement simple et modeste de la maison de ses parents.

statistique de la Bresse, premier ouvrage de ce genre qui ait paru sur ce pays. Enfin, quels que fussent ses occupations et ses ouvrages, il entretenait une correspondance active avec tous les savants de l'Europe, ou plutôt du monde, et les mettait sans cesse en rapport les uns avec les autres, ce qui devint un avantage incalculable pour la science. Cette ardeur infatigable le rendait comme le centre où, de toutes parts, venaient aboutir les observations et les découvertes. Choisi en 1762, ainsi que trois autres académiciens, pour composer l'histoire de l'Académie et publier les Mémoires des années qui venaient de s'écouler, chargé de la partie astronomique de *l'Encyclopédie* et du *Journal des Savants*, il mit sa gloire à enrichir ces *archives des sciences*, de tout ce qui pouvait concourir aux progrès de l'astronomie. Il se plaisait aussi à y placer l'éloge des gens de mérite qu'il aimait et estimait; disons plus, de beaucoup d'autres dont il avait fortement à se plaindre. Et ces éloges consacrés aux sciences ne sont pas seulement utiles aux savants; remplis, comme ses autres ouvrages, de traits fins, d'aperçus piquants, de ces phrases promptes et serrées qui décèlent le penseur et portent une vive lumière dans l'esprit, ils sont encore agréables aux gens de lettres et aux gens du monde, et donnent par là une idée juste des qualités éminentes qui distinguaient leur auteur.

Mais la nature a mis des bornes à nos facultés; celui qui les franchit est bientôt contraint de revenir sur ses pas. Des travaux si multipliés causèrent à La Lande, vers le milieu de sa carrière, un dépérissement qui pendant longtemps fit craindre pour sa vie. Il avait déjà payé sa dette à la société; il légua ce qu'il possédait à l'Académie, et attendit tranquillement sa fin, qu'il croyait prochaine; mais ce même principe, qui donne de la force et de l'activité à l'esprit, semble aussi donner de la vigueur au corps. Il recouvra tout à coup la santé et reprit le cours de ses occupations.

Il était nommé professeur au Collége de France; une foule de jeunes gens, enflammés par son exemple et par ses écrits, vinrent s'instruire à son école.

Il dirigea successivement nos plus habiles astronomes, parmi lesquels il comptait avec orgueil Delambre, Méchain, Piazzi et beaucoup d'autres. Ce fut un de ses élèves, nommé Verron, qui accompagna M. de Bougainville dans son voyage autour du monde; un autre, le Paute d'Agelet, s'embarqua avec Lapérouse; deux autres allèrent en Amérique, l'un avec Cassini, et l'autre avec Pingré; d'autres voyagèrent aux Terres Australes; d'autres partirent, en 1798, pour l'expédition d'Égypte (1). Beauchamp, astronome distingué, fit ériger à Bagdad un observatoire dont il lui fit la dédicace, qui y est gravée sur du marbre, et on donna son nom à un autre observatoire en Amérique, dans le nouveau royaume de Grenade. Il n'était guère de pays connus où il ne fût célèbre : cependant, plus satisfait qu'enivré de tant de succès, il ne perdait pas un seul moyen d'ajouter encore à sa renommée et à ses travaux, qu'il savait allier même à ses devoirs. Il fit

---

(1) MM. Quénot, Nouet, Méchain fils.

venir chez lui, pour le seconder, un de ses neveux, M. le Français, qu'il instruisit, qu'il maria, dont il adopta la famille, et qui aujourd'hui remplit honorablement une partie de ses places. Madame le Français, sa nièce, et plusieurs autres femmes instruites, devinrent aussi ses élèves, et coopérèrent à plusieurs de ses ouvrages, ce qui lui donna l'idée de publier l'*Astronomie des dames*. Dans la ferveur de son zèle, il assura une récompense pécuniaire à celui qui le premier découvrirait une comète, ce qui eut lieu peu de temps après; plus tard (1), il déposa à l'Institut une somme de dix mille francs, pour fonder un prix d'astronomie qu'on y décerne tous les ans; on le vit même tenter de professer publiquement cette science, non pas dans une école, mais à la manière des philosophes grecs, en plein air et dans le lieu qui lui paraissait le plus propre à ses observations; tentative qui fut fort ridiculisée à Paris, où l'esprit des convenances l'emporte souvent sur tout autre esprit, mais

(1) En mars 1802.

qui fut vivement appréciée dans son pays, où il faisait ces leçons publiques. Hommes, femmes, enfants, chacun s'empressait de s'y rendre, et elles attiraient de tous côtés une foule avide de s'instruire, et de voir de près cet homme si célèbre par ses nombreux travaux, et, avouons-le, par cette espèce de singularité dont il est facile aux gens médiocres de se moquer, mais qu'il ne leur appartient pas d'avoir. Enfin, sa réputation devint telle qu'elle absorbait, pour ainsi dire, celle des autres savants qui, comme lui, professaient l'astronomie. Son nom même semblait en quelque sorte faire partie de cette science : en France surtout, nous l'avons éprouvé, nous l'éprouvons tous encore, il n'était guère possible de penser à l'astronomie, sans que le nom de La Lande vînt naturellement se joindre à cette idée. Mais ce qui mit tout à fait le sceau à sa renommée fut son grand *Traité d'astronomie*, ouvrage qui, de l'aveu des savants, l'emporte sur tous ceux de ce genre qui ont paru jusqu'à présent, et qui est et sera l'école et le manuel des jeunes astronomes. Il s'y était en effet appliqué à rendre facile cette science dont il aimait à se dire *le missionnaire*. Ce traité, en 4 volumes in-4°, fut traduit dans toutes les langues de l'Europe, ainsi que son *Histoire de l'astronomie*, son *Traité du flux et reflux*, ses *Éphémérides*, les volumes qu'il publia de la *Connaissance des temps*, et presque tous ses ouvrages.

Mais arrêtons-nous ici : il devient impossible de citer cette immense quantité de productions ; nous risquerions, en l'entreprenant, de fatiguer l'attention de nos auditeurs, et peut-être de nous égarer nous-même. Qu'il nous soit permis de renvoyer à l'excellent discours de M. Delambre : on y trouvera les détails les plus intéressants sur les travaux de son illustre maître; on y verra aussi un aperçu des critiques, des railleries auxquelles il se vit si souvent en butte, et de l'admirable résignation avec laquelle il les supportait. Sans doute les savants, moins exaltés que les gens de lettres, gardent entre eux plus de mesure et sont plus justes l'un pour l'autre. Le succès du littérateur, rejaillissant, pour ainsi dire, sur lui seul, excite plus l'envie que celui du savant qui semble tourner tout entier au profit de la science. Mais que ce savant se garde de se tromper en rien : la rivalité à l'œil actif veille sur ce qu'il fait, et la moindre erreur lui vaut non-seulement la critique, mais, en quelque sorte, le dédain secret de celui qui se croit infaillible. Nous laisserons les savants impartiaux juger La Lande dans ces occasions, et nous allons achever de le faire connaître, et de compléter l'honorable tableau de sa vie, en le suivant dans quelques-uns de ses voyages.

On l'a vu à Paris, à Berlin; il avait parcouru toutes les provinces de France; mais cela ne lui suffisait pas encore. Les gens de mérite de tout l'univers sont comme une immense famille, unie par les lumières de l'esprit, et qui éprouve sans cesse le besoin impérieux de se voir et de se communiquer. La Lande, en relation avec plusieurs savants anglais, fit deux fois le voyage d'Angleterre, où sa réputation l'avait précédé depuis longtemps; il y visita les observatoires; il y fut, comme à Berlin, présenté au roi, aux grands, et reçu de toutes les sociétés savantes;

il s'y lia principalement d'amitié avec le fameux Herschell et sa célèbre sœur, et il rapporta en France, outre plusieurs observations importantes, le pendule composé de Harrisson, dont il donne la description dans son *Traité d'astronomie*.

Il s'occupa ensuite de son voyage en Italie, que lui faisait désirer depuis longtemps son amour pour les arts et l'antiquité; voyage qu'il consacra par un ouvrage en neuf volumes, qui réunit éminemment au mérite de l'exactitude celui de la science et de la philosophie, et qui, par une bizarrerie assez ordinaire, est bien plus célèbre chez l'étranger qu'il ne l'a jamais été en France. La Lande reçut l'accueil le plus brillant dans ce beau pays où l'ardeur du climat ajoute encore à celle de l'imagination; il y vit accourir, des extrémités les plus reculées, des savants, des artistes, des particuliers même, jaloux de l'accompagner, de le recommander, et de s'entretenir avec lui. Il fut surtout accueilli par le pape Clément XIII, à qui il parla à diverses reprises avec cette liberté franche et piquante qui lui était propre : il négocia longtemps pour faire rayer de l'*index* le nom de Copernic et celui de Galilée. Il resta quelque temps à Rome, où il observa une éclipse, et remonta les marais Pontins, sur lesquels il fit aussi plusieurs observations consignées dans son voyage.

Enfin il parcourut la Suisse, la Hollande, et plusieurs parties de l'Allemagne. Ces voyages étaient pour lui des triomphes continuels : à Padoue, il avait vu son buste placé dans l'observatoire; à Manheim, on le surnomma le *Dieu de l'astronomie ;* à Gotha, une foule de savants vinrent le voir et le saluer comme leur chef et leur patriarche. A leur sollicitation, il resta quelque temps et retourna même plusieurs fois dans leur pays, où, accueilli et secondé par une princesse à la fois aimable et éclairée, il fit ériger un observatoire qui devint aussi un des foyers de l'astronomie. De retour à Paris, il établit une correspondance régulière avec la duchesse de Gotha, qu'il instruisait de tout ce qui paraissait de nouveau dans les lettres, les arts et les sciences. Oh! combien tels et tels littérateurs qui se sont plu à tourmenter sa vieillesse par des railleries cruelles et déplacées, ne rougiraient-ils pas s'ils savaient en quels termes honorables La Lande parlait d'eux dans cette illustre correspondance!

Mais il est temps de faire des ombres à ces tableaux, et de donner aussi quelque aliment à la critique, fatiguée peut-être de tant de succès. Nous voici arrivés à la fin de la brillante carrière de La Lande, à ces moments où l'homme qui s'est rendu utile recueille tranquillement le fruit de ses travaux, mais où la nature, qui déjà nous conduit de loin à notre destruction, sans nous ôter encore les passions qui nous animent, affaiblit quelquefois en nous le jugement qui les dirige, ou les modifie. Au désir de faire le bien, à celui de propager les lumières, avouons-le, La Lande en avait toujours joint un plus vif encore peut-être, le désir de la célébrité. Cette célébrité, dont son mérite lui avait fait une habitude dans sa jeunesse, devint pour lui, lorsqu'il fut vieux et moins recherché, une sorte de besoin aveugle et impérieux auquel il était comme forcé de céder sans cesse. Il ne perdait pas alors une occasion de paraître, de rappeler son nom et ses ouvrages; on eût dit même qu'il ne craignait pas de se donner quelques travers pour réveiller l'attention du public; sentiment irréfléchi, et né de cet instinct secret qui nous fait chercher à nous rattacher à la vie à mesure qu'elle nous échappe. Poussé par cette inquiétude d'esprit qui lui était naturelle, il mit en avant quelques systèmes bizarres, et qui ne prêtaient que trop au ridicule; entre autres choses, s'étant pénétré de l'idée d'arriver à la perfection, et s'imaginant, à force de s'être dompté lui-même, avoir atteint ce but, il crut pouvoir se citer pour exemple, et fit imprimer, à diverses reprises, qu'il pensait avoir acquis *toutes les vertus de l'humanité.—Au moins*, lui répondit un homme d'esprit, *il faut en excepter la modestie.* Il fut aussi généralement blâmé pour avoir manifesté une opinion bien plus erronée (1), et dont sans doute il était loin d'avoir la conviction intime, puisque sa

---

(1) L'athéisme.

conduite la démentait sans cesse. La publicité qu'il y donna lui attira une foule de désagréments qu'il serait inutile de rappeler ici. Nous ferons seulement remarquer de nouveau l'extrême modération avec laquelle La Lande recevait en général les critiques qu'il avait méritées, et même celles qu'il ne méritait pas. A ce caractère impétueux et ardent qu'il tenait de la nature, et qui l'exposait si souvent à la censure, il faisait succéder une résignation parfaite; disons plus, une générosité, une grandeur d'âme presque sans exemple. Pendant le cours de sa longue carrière, dénigré tant de fois, jamais il ne dénigra personne; il avait, si l'on peut s'exprimer ainsi, le fanatisme de la justice et de l'équité. La seule vengeance qu'il se permettait quelquefois était de raconter les services qu'il avait rendus et l'ingratitude dont on l'avait payé; mais il faisait ces remarques sans passion, sans désir de nuire, avec une simplicité vraiment admirable. Il disait les fautes des autres comme il disait les siennes; il rendait justice à ses ennemis comme il se la rendait à lui-même. Étranger à tout vain détour, sa conversation semblait le récit de son âme; et si son esprit l'ornait souvent de traits brillants, c'étaient ceux de la vérité qui éclaire, et non de la vérité qui blesse ou qui mortifie.

Ce fut avec cette même sagesse d'esprit, à l'âge de soixante-treize ans et neuf mois, que La Lande vit arriver sa fin. Ce moment terrible, qui semble le résumé de toute la vie, suffirait seul à son éloge. Il y montra un calme d'âme au-dessus de toute expression. Ce n'était point une vaine ostentation de paroles, ce n'était point un triste détachement de la vie; c'était la quiétude de l'homme juste et sage qui se résigne à mourir, parce qu'il le faut, et qui ne regrette point la vie, parce qu'il en a fait un noble usage. Semblable au voyageur qui, forcé de quitter les lieux où il a été longtemps heureux, se hâte de profiter des instants qui lui restent encore, La Lande, touchant au terme de sa carrière, paraissait craindre de perdre une seule de ses dernières minutes : quoique occupé sans cesse à consoler sa famille et ses amis, jusqu'à son dernier soupir il reçut des lettres et dicta des réponses ; il s'informa des nouvelles, et s'intéressa aux événements publics. Le soir même de sa mort, il voulut qu'on lui lût les journaux : *Demain*, dit-il, *il ne serait plus temps.* Il en écouta attentivement la lecture; puis il dit à sa nièce et à ceux qui l'entouraient : *Retirez-vous, je n'ai plus besoin d'aucune chose.* Peu de temps après il expira, sans douleur, sans agonie, et rendit ainsi paisiblement son âme à celui qui a seul le droit de juger la vie, et même les fautes de l'homme de bien.

Il serait facile de faire ici un tableau touchant et pathétique des regrets qui suivirent sa mort. On pourrait montrer cette foule d'infortunés en larmes qui assiégeaient sa porte à ses derniers moments, et qui perdaient en lui un père et un généreux bienfaiteur. On pourrait peindre la douleur de sa respectable famille dont il était chéri, de ses obligés qui ne l'implorèrent jamais en vain, de ses amis consternés ; de celui surtout qui fit entendre inopinément sur sa tombe les élans sacrés du sentiment (1). Mais la gé-

(1) M. Dupont de Nemours.

nérosité a aussi sa pudeur; ne l'exposons pas, en levant son voile, à la reconnaissance qui n'a pas besoin qu'on la lui rappelle, à la malignité qui pourrait ne pas la respecter assez. C'était en secret que La Lande faisait de grandes et belles actions; gardons-lui ce respectable secret, et qu'il ne reste confié qu'aux âmes qui doivent en conserver un éternel souvenir.

Telle fut la vie d'un de nos plus célèbres savants, de celui peut-être qui, de nos jours, a donné l'impulsion la plus forte à l'astronomie; de celui qu'on peut citer comme un parfait modèle de bonté, de stoïcisme, de dévouement pour les sciences; de celui pourtant qui, avec des intentions toujours pures et droites, se vit le plus exposé aux traits de la censure. Le seul reproche véritablement fondé qu'on eût pu lui faire, était de trop se plaire à braver et à provoquer cette censure. Entièrement livré à la passion de l'étude et de la gloire littéraire, il semblait se faire un jeu du reste; il n'attachait aucune importance aux opinions ni même aux convenances de la société, et ce fut peut-être là l'unique source de tous les désagréments qu'il a éprouvés : car, dans le monde, les inconséquences blessent plus que les défauts réels. La Lande, il faut l'avouer, semblait être étranger à son siècle : personne ne répondait mieux que lui, de toute manière, à l'idée que nous nous faisons des philosophes anciens; mais il avait surtout leurs vertus; il ressemblait à Socrate, et il aimait à faire remarquer cette ressemblance. Sa stature était petite; sa physionomie n'était pas belle, mais elle pétillait de feu, d'expression, et d'une sorte d'audace philosophique qui lui seyait (1). Son caractère offrait un

---

(1) Son buste a été fait par Houdon, Ruxiel; son portrait par Fraedon, Voiriot, Ducreux, etc. Il a été gravé sept ou huit fois; on a mis au bas d'un de ses portraits ces quatre vers du chevalier de Cubières :

<blockquote>
Du ciel, devenu son empire,
Son génie a percé les vastes profondeurs;
Mais il règne encor sur nos cœurs,
Et nous l'aimons autant que l'univers l'admire.
</blockquote>

La Lande a fait l'application de ces vers à Lemonnier.

ensemble vraiment remarquable ; simple, sobre, franc à l'excès, passionné pour la vérité et l'accroissement des lumières, ami ardent, ennemi généreux, il savait forcer ceux même qui l'aimaient le moins à rendre justice à ses solides vertus : supérieur à l'envie, à la haine, et à la colère, il eût supporté même des affronts sans émotion. Cependant personne ne fut plus que lui sensible, généreux et charitable. *Je suis riche et je vais à pied*, disait-il, *cela me fait rencontrer des pauvres, et c'est pour moi un plaisir de leur donner*. Ajoutons que, malgré quelques bizarreries, il était homme aimable en société : sa conversation remplie de traits saillants, une sorte de familiarité qui lui était propre, une philanthropie franche et brusque, qu'il savait pourtant modifier à propos, tout annonçait en lui, dès l'abord, qu'il n'était pas un homme ordinaire. Malgré tant de qualités, malgré tant de services rendus, osons le dire, ses contemporains ont mêlé bien des épines aux lauriers qu'ils lui ont laissé cueillir : mais la postérité l'en dédommagera, et elle le placera, sans contredit, au premier rang, parmi le petit nombre de savants qu'a enflammés réellement l'amour du bien public.

———◆○○◆———

Dyck, 1810.

NOTES

EXTRAITES D'UN MANUSCRIT

DE

LA LANDE.

NOTES

EXTRAITES D'UN MANUSCRIT

DE

LA LANDE.

« Je suis l'ennemi du faste et de la vanité : mon amour-propre (car chacun a le sien) est tourné du côté de la gloire littéraire.

« Ma douceur, ma patience sont à l'abri des maladies, des contrariétés, des injustices.

« Indulgent pour les défauts et les ridicules, je trouve tout bon.

« Je souffre facilement les plaisanteries, les médisances, les critiques; mais je raille aussi volontiers.

« Je dédaigne les plaisirs du monde; je ne puis souffrir le jeu, les fêtes, les repas.

« Je ne vais pas au spectacle : l'étude, la société des gens d'esprit, surtout des femmes instruites, sont mes seules récréations. Telles ont été successivement pour moi les sociétés de mesdames Geoffrin, du Bocage, du Deffant, de Bourdic, de Beauharnais, de Salm, etc. Pour m'y rendre, je fais de longues courses à pied; cela me fait rencontrer des pauvres, et c'est pour moi un plaisir de leur donner.

« J'ai souvent prêté, on m'a rarement rendu, je n'ai jamais redemandé.

« Je pousse la franchise jusqu'à la rudesse; je n'ai jamais dissimulé la vérité, lors même qu'elle pouvait déplaire.

« Je me suis brouillé avec d'anciens amis, en leur refusant ma voix dans les élections académiques.

« Le fardeau de la haine eût surchargé mon âme. Je me suis fait beaucoup d'ennemis par ma franchise; mais je ne les haïssais pas, et j'ai toujours cherché à les faire revenir.

« J'aime tout ce qui contribue à la perfection de l'espèce humaine; je fais peu de cas de ce qui tient à son amusement.

« J'ai toujours envisagé comme objet de mes travaux, l'univers et la postérité.

« La reconnaissance est chez moi un sentiment si fort, que je pleure involontairement toutes les fois que je raconte les témoignages que j'en ai donnés ou reçus. J'ai été à Lyon pour voir le P. Bérand; à Orange pour voir le P. Fabri; à Avignon pour voir le P. Dumas, qui avaient été mes maîtres; à Chanteloup pour voir M. de Choiseul, qui m'avait rendu service près du roi : il n'aurait pas aperçu mes remercîments à la cour; il y fut très-sensible dans son exil.

« Les ingratitudes dont je me suis vu l'objet n'ont fait qu'augmenter en moi le sentiment de la reconnaissance. Je témoignais la mienne, il y a plusieurs années, à un homme connu, à qui j'avais quelques obligations. Il m'écrivit une lettre que je conserve comme un titre glorieux, et qui finissait ainsi : « — ..... J'ai rendu des services éminents à
« des hommes qui daignent à peine aujourd'hui me répon-
« dre ; et vous, pour qui je n'ai rien fait, vous me parlez
« de reconnaissance.... Vivez, monsieur, pour la gloire des
« sciences et de l'amitié : que si dans l'ordre de la nature je
« vous survis, je vous déclare d'avance que je ferai entendre
« sur votre tombe ces vérités honorables pour les gens de
« lettres : une des plus douces jouissances que je puisse éprou-
« ver, est de publier les bontés que vous avez pour moi, au-
« jourd'hui que je ne suis plus rien, et les vérités sévères que
« vous me disiez quand j'étais en faveur. »

« Parmi les hommes célèbres qui ont eu de l'amitié pour moi, j'ai le plaisir de compter Montesquieu, Fontenelle, J. J. Rousseau, Dalembert, Clairaut, Maupertuis, la Condamine, Voltaire, Réaumur, Euler, Barthélemi, Raynal, Macquer, qui a voulu me marier avec sa fille : je l'ai refusée par amitié pour sa famille; je lui voulais un meilleur parti.

« Je n'ai aucune prétention, même pour mes ouvrages. Je célèbre sans cesse la supériorité de mes confrères : j'ai déclaré dans l'éloge de Pingré que l'Académie s'était trompée en me donnant le prix dans une élection.

« La réputation d'un astronome se réduit en dernière analyse aux idées nouvelles qu'il a eues. Kepler trouva les règles du mouvement planétaire; Newton, la loi d'attraction; Bradley, l'aberration des étoiles; M. de Laplace a reconnu, par l'analyse, trois choses neuves et importantes : je ne puis rien opposer à tout cela; mais au moins je suis le premier qui ai trouvé à quoi tenaient les changements singuliers des inclinaisons des satellites, dont Bradley, Maraldi, Wargentin, n'avaient pu deviner la cause.

« J'ai trouvé le premier que les taches du soleil se forment au même point de la surface, et ce fut pour moi une grande jouissance (1778).

« J'ai fait voir le déplacement du soleil et du système solaire par sa rotation.

« Je suis le premier qui ai prouvé que les comètes pouvaient produire des révolutions sur la terre, dans un mémoire que j'ai publié en 1773, et qui fit une sensation étonnante.

« Je suis le premier qui ai fait connaître la distance de la lune avec exactitude ; le premier qui ai fait des tables exactes de Mercure, au moyen d'une méthode nouvelle à laquelle personne n'avait songé.

« Je suis aussi le premier qui ai appliqué à toutes les planètes les calculs de l'attraction qu'Euler et Clairaut n'avaient donnés que pour la lune, le soleil, Jupiter et Saturne.

« Je suis enfin le premier qui ai simplifié le calcul des éclipses de soleil, quand elles ont été observées, et qui ai amené les astronomes au point de les calculer toutes, tandis qu'avant moi on se bornait à les observer ; c'est ainsi que les longitudes des principales parties du monde ont été déterminées.

« J'aime la marine avec passion. J'ai fait graver sur mon cachet un vaisseau ; j'y ai ajouté la lune, qui sert à le conduire, et une devise grecque qui signifie *la Science conduite par la Vertu*, parce que le vaisseau est la chose qui exige le plus de science, et que la vertu conduit le philosophe à travers les flots et les orages de la vie.

« J'étais jeune encore, et dans ma société l'on m'appelait *le philosophe*, parce qu'on me voyait occupé à acquérir les trois qualités qui le constituent, la science, la bienfaisance et le courage; courage contre tous les dangers, contre tous les préjugés, contre l'opinion, contre les vices, contre les écarts même du gouvernement. Malgré le préjugé général, j'ai écrit contre Boileau, flatteur de Louis XIV, et contre le roi qui ruina la France pour une vaine gloire.

« On me reproche de me mettre trop souvent en avant, de faire trop parler de moi : c'est un défaut dont je conviens moi-même, et je ne m'excuse que sur ma sincérité naturelle, et sur mon amour pour la vertu. Je soutiens que c'est un délit envers la société que de se taire sur les vices d'autrui. C'est sacrifier les bons par indulgence pour les méchants.

« Ma sensibilité fait que je pleure aisément : elle s'est surtout exercée par mon attachement pour ma famille, qui a été un de mes devoirs les plus chers. Je lui ai abandonné, de mon vivant, la jouissance de mes revenus.

« J'ai beaucoup aimé les femmes ; je les aime encore. J'ai toujours cherché à contribuer à leur instruction ; mais ma passion pour elles a été raisonnée : jamais elles n'ont nui ni à ma fortune, ni à mes études ; je ne suis jamais sorti le matin pour elles. J'ai dit quelquefois à de jolies femmes : Il ne tient qu'à vous de faire mon bonheur ; mais il ne tient pas à vous de me rendre malheureux. Elles disent que je n'ai jamais aimé véritablement ; s'il faut être fou pour cela, je conviens qu'en effet je n'ai jamais aimé.

« Mon second voyage en Angleterre fut encore plus agréable que le premier. Je passai une nuit avec M. et Melle Herschel à voir dans leur magnifique télescope les choses les plus singulières ; en nous séparant le matin, je leur disais : Je n'ai jamais passé de nuit plus agréable, sans en excepter celles de l'amour.

« Lorsque Palissot a parlé de ma laideur dans sa *Dunciade*, il ne s'est pas douté du plaisir qu'il allait me faire ; il m'a rappelé que Barthélemy et Millin m'ont assuré que ma figure était celle que l'on voit dans les pierres gravées de Socrate qui sont au cabinet des médailles au Muséum de Paris, et c'est lui qui m'a procuré l'occasion de le dire.

« Un professeur de Gotha, jaloux peut-être de la réception flatteuse qu'on me faisait à la cour (en 1798), fit une épigramme contre moi. Le prince Auguste de Saxe-Gotha m'adressa à cette occasion des vers fort flatteurs. Le baron de Zach prit aussi mon parti dans son journal ; j'écrivis à ce dernier : « Je sais gré au critique de m'avoir attaqué aussi obscu« rément, puisque j'ai été vengé d'une manière si brillante par « un prince et par un savant. »

« Je me suis amusé à dire quelquefois que je croyais avoir acquis toutes les vertus de l'humanité. On a relevé cette phrase avec aigreur, en assurant que je prétendais *posséder toutes les vertus de l'humanité*; mais j'ai dit que *je croyais avoir acquis*, ce qui est bien différent. Malgré cela, j'ai peut-être eu tort de parler ainsi : mais ma conscience intime m'en a fait une loi (*).

(*) Il est facile de voir, par ce que dit ici La Lande, qu'il se repentait d'avoir mis en avant cette opinion à laquelle on a donné plus d'importance qu'il n'y en attachait lui-même. — Voici quelques phrases

« Si j'ai manifesté des opinions qui peuvent nuire à la tranquillité de quelques individus, j'ai espéré que mes réflexions ne seraient pas à la portée du vulgaire. Elles m'ont paru un point de réunion pour les philosophes.

« Je suis assez heureusement constitué pour n'avoir jamais eu peur de rien, ni de personne, ni des dangers, ni de la mort. Ce sentiment, qui tient à la bonne santé, m'a souvent été utile.

« Je suis riche, mais je n'ai ni fantaisies, ni besoins. J'ai peu de domestiques, point de chevaux; je suis sobre; mes habits sont simples; je vais à pied; je me repose où je me trouve; l'argent m'est inutile.

« Je n'ai d'orgueil ni pour la fortune, ni pour le rang.

assez remarquables qu'il m'écrivit à ce sujet, lorsque je lui eus promis de faire son éloge :

« Madame, mes enfants me font observer que vous serez bien embar-
« rassée après ma mort : j'ai eu l'orgueil d'imprimer que je croyais avoir
« acquis *toutes les vertus de l'humanité*. Comment pourrez-vous expliquer,
« excuser, pallier une pareille sottise ? Mais vous avez tant d'esprit, tant
« d'éloquence, etc. »

Les hommes les moins riches sont ceux que j'accueille le plus : mes amis me trouvent toujours le même, quelle que soit leur situation.

« Je suis si préparé à la mort, que quand je fais une observation, ou un mémoire, je me dis : Voilà peut-être le dernier; mais c'est une jouissance de plus pour moi d'avoir encore rendu un service à l'astronomie, et d'avoir ajouté une pierre à l'édifice de ma réputation.

« Non-seulement je suis content de ma constitution physique, mais je le suis même, au moral, de ma philosophie, de mon plaisir à être utile, de ma sensibilité, de mon indifférence pour les plaisirs et les biens, de mon courage à fronder les vices, quoiqu'il m'ait fait des ennemis : je jouis de tout le bonheur qu'il soit possible à l'humanité d'éprouver et de sentir; je me trouve l'homme le plus heureux de la terre, et je dis, comme Bayard : *Je sens mon âme fuir contente d'elle-même.* »

21 octobre 1804.

ÉLOGE

DE

MARTINI.

ÉLOGE
DE
MARTINI.

Le nom de Martini est célèbre dans les annales de la musique. Un moine, le P. Martini, né à Bologne en 1706, s'est distingué par ses profondes connaissances dans cet art, sur lequel il a publié des ouvrages fort remarquables. De nos jours, plusieurs opéras d'un compositeur italien du même nom, entre autres *la Cosa rara*, ont été transportés sur nos théâtres, et y ont été accueillis avec autant d'enthousiasme qu'en Italie. Mais Martini, Allemand, fixé en France depuis sa plus tendre jeunesse, y est encore plus connu, non-seulement parce que tous ses ouvrages sont faits sur des paroles françaises, mais parce que ses nombreux succès et son caractère honorable l'ont fait nommer à plusieurs places dans lesquelles il s'est constamment distingué.

On a dit de tout temps que les grands artistes et les hommes célèbres ne devaient leur renommée qu'à eux seuls. Martini est une des preuves les plus remarquables de cette vérité. Loin d'être favorisé par les circonstances, il eut à lutter, surtout dans le commencement de sa carrière, contre des obstacles que, comme on va le voir, son beau talent et son véritable mérite purent seuls lui faire surmonter.

Jean-Paul-Giles Martini naquit, le 1er septembre 1741, à Freistadt, dans le haut Palatinat. On lui enseigna de bonne heure le latin et la musique. Son goût pour cette dernière étude se développa si rapidement, et il y fit de si grands progrès, qu'à l'âge de dix ans il fut adjoint à l'organiste du séminaire de Neubourg (sur le Danube). Il resta six ans dans cette ville, et il fut mis ensuite à l'université de Fribourg, en Brisgau, où il continua ses études.

Vers le même temps, il perdit sa mère. Pendant les vacances, étant retourné chez ses parents, il trouva son père remarié, et, à la suite de quelques différends de famille, il résolut de quitter la maison paternelle et de voyager. L'usage des étudiants était alors, en Allemagne, de porter un manteau, dit *manteau d'étudiants,* qui les faisait reconnaître partout où ils se présentaient, et l'espèce de respect que l'on avait et que l'on a encore dans ce pays pour ceux qui se livrent à l'étude, appelant l'intérêt sur ces jeunes gens, ils étaient, lorsqu'ils voyageaient, accueillis, sans autres recommandations, dans de grandes maisons, et surtout dans les couvents, où ils restaient souvent pendant plusieurs jours.

Martini revint ainsi à Fribourg, d'où il voulait

aller en France ou en Italie. Incertain sur le choix, son esprit vif et un peu aventureux lui suggéra un moyen bizarre de prendre un des deux partis : il monta sur la principale tour de la ville, et là il fit voler en l'air une plume, résolu à suivre la route qu'elle lui indiquerait : elle vola vers la porte de France ; il prit à l'instant cette route, et, après plusieurs jours d'un voyage qui lui offrait plus de difficulté à mesure qu'il approchait de la France, il arriva enfin à Nancy, où il se trouva dans le plus grand embarras. Le peu d'argent qu'il avait eu était dépensé ; il parlait librement le latin, mais il ne s'était jamais occupé du français. Errant dans les rues, et ne pouvant s'adresser à personne, il ne savait ce qu'il allait devenir, lorsqu'il aperçut un magasin de musique dans lequel, par un bonheur inespéré, on faisait un orgue, genre de travail sur lequel il avait de fort grandes lumières. Il entra à l'instant, et, plus occupé encore de son art que de sa situation, il se mit à considérer la construction de cet orgue, et ne tarda pas à y apercevoir une erreur essentielle, qu'à force de signes et de démonstrations, il réussit à faire comprendre. Le maître, M. Dupont, frappé de cette circonstance, fit appeler un ouvrier allemand, et, après plusieurs explications, appréciant le mérite de ce jeune homme, et se sentant touché de sa position, il se décida à le recueillir chez lui, où, par suite de cette fraternité qui existe entre les artistes; il le traita non-seulement avec bienveillance, mais en quelque sorte comme un fils.

Martini resta plusieurs années chez ce digne homme, dont il ne parlait jamais sans respect et sans attendrissement, et pendant ce temps son talent acheva de se développer. Il publia des airs, des romances qui eurent le plus grand succès, et que l'on chante encore à Nancy; il fit des sonates pour les jeunes élèves; il donna des leçons d'exécution et de composition, et par ses nombreux travaux, son instruction, et aussi ses qualités essentielles, il parvint à se faire une existence indépendante, et obtint la main d'une jeune personne d'une famille honorable.

Le jeune compositeur jouit avec satisfaction, pendant plusieurs années, de sa nouvelle fortune; mais son beau talent ne tarda pas à lui paraître trop à l'étroit dans une ville de province ; il sentit qu'il devait briller sur un plus grand théâtre, et il se décida à laisser sa famille à Nancy et à venir à Paris, où il s'était mis en relation avec les artistes les plus renommés du temps.

Un nouveau triomphe l'y attendait. Il apprit à son arrivée que l'on avait ouvert, pour le régiment des gardes suisses, un concours de marches qui devait avoir lieu le lendemain à la parade. Il avait à peine vingt-quatre heures devant lui ; il les employa à composer une marche qui fut terminée assez à temps pour faire partie du concours ; elle y fut exécutée, et parut si supérieure à toutes les autres, qu'elle remporta le prix, ce dont on ne sera point surpris quand on saura qu'à cette époque la musique, fort avancée en Allemagne, l'était si peu en France, que celle des régiments se composait encore en partie des airs et des marches de Lully.

Martini, appelé à Versailles, y reçut le prix, qui lui fut donné par le duc de Choiseul. Peu après, ayant fait de nouvelles marches, entre autres une fort belle pour le régiment des hussards de Chamborand; il fut attaché à ce régiment en qualité d'officier, et il publia successivement des trios, des quatuor, des morceaux d'ensemble exécutés seulement par des instruments à vent; genre de musique alors presque inconnu en France, et que l'on a nommé depuis musique d'harmonie.

Enfin, il travailla pour le théâtre. Laujon, auteur de quelques ouvrages agréables, avait fait pour la Comédie italienne, à l'occasion du mariage du jeune duc de Bourbon, *l'Amoureux de quinze ans*, opéra-comique en trois actes, dont Martini composa la musique. Cette pièce, représentée en 1771, obtint le plus brillant succès. La simplicité riche et gracieuse des airs, la précision et la netteté des intentions, toujours d'accord avec les paroles, la font encore entendre avec un plaisir qu'on n'est plus accoutumé à trouver à l'Opéra-Comique. Encouragé par cet heureux début, il fit bientôt plusieurs autres pièces, parmi lesquelles on doit distinguer : *le Droit du seigneur*, dont les airs, devenus presque populaires, sont encore chantés partout; *Annette et Lubin*, pastorale pleine de grâce et de charme; *la Bataille d'Ivry*, et surtout sa belle et brillante ouverture, qui est restée un des morceaux les plus remarquables de notre musique militaire. Martini fit aussi paraître successivement plusieurs cahiers d'airs et de romances qui sont de véritables modèles en ce genre dans lequel il excellait. Il les chantait dans la société, où il était fort recherché; et son accent allemand, que cinquante ans d'habitation en France n'avaient pu lui faire perdre, ne nuisait en rien à cette expression qu'un compositeur sait toujours donner à son ouvrage. On doit citer au nombre de ces airs : *l'Amour est un enfant trompeur, Linval aimait Arsène, Robin Gray, Plaisir d'amour ne dure qu'un moment*, etc., etc.

Devenu tout à fait célèbre, Martini quitta le service; il fut nommé d'abord directeur de la musique du prince de Condé, et ensuite de celle du comte d'Artois; enfin, il obtint la surintendance de la musique du roi, que dirigeait alors un compositeur fort âgé, et il allait occuper cette place lorsque la révolution la lui fit perdre. Elle lui enleva aussi plusieurs pensions qui formaient son unique revenu. Mais la renommée d'un artiste est un bien qu'aucune révolution ne peut lui ravir; celle dont jouissait Martini lui avait aussi acquis depuis longtemps l'estime et l'amitié d'un grand nombre de personnes recommandables, entre autres d'un homme fort riche, M. Lenormand-d'Étioles, ancien fermier général, ami des arts, et grand amateur de musique, qui avait désiré qu'il demeurât chez lui. Il attendit tranquillement dans cette honorable retraite que les événements publics lui permissent de paraître de nouveau, et de se recréer une fortune, dont, en général, la perte affecte moins les hommes à talent que les hommes ordinaires, non-seulement parce qu'ils sont occupés d'idées d'un autre genre, mais parce qu'ils sentent toujours en eux les moyens de se suffire, et de retrouver, au moins en partie, les avantages que les circonstances leur ont fait perdre.

Ce fut ce qui arriva à Martini. Au milieu de la

tourmente révolutionnaire, le hasard lui procura l'avantage de faire la musique de la tragédie lyrique de *Sapho*, et il se livra entièrement à ce travail. Cette pièce, qui fut représentée peu de temps après la terreur (1), dans ces moments où chacun éprouvait le besoin des sentiments doux et généreux, fut reçue avec une sorte d'enthousiasme; elle attira la foule pendant plus de cent représentations. Aussi y trouve-t-on réunies à la noblesse et à la pureté des chants toutes les richesses de l'harmonie, et peut-elle être placée près des plus beaux ouvrages de l'immortel Gluck.

Sophie, ou *le Tremblement de terre de Messine*, qu'il fit jouer au théâtre Feydeau après *Sapho*, ajouta encore à sa renommée; et, vers le même temps, le Conservatoire de musique ayant été créé, il fut nommé un des cinq inspecteurs de cet établissement. Les autres étaient Gossec, Chérubini, Méhul et Lesueur, compositeurs dont plusieurs existent encore, et dont

(1) En décembre 1794.

les noms célèbres rappellent les plus beaux triomphes de l'art musical en France.

Martini, dont l'âge semblait augmenter l'activité, avait fait, outre ses pièces de théâtre, plusieurs ouvrages qui n'avaient pas eu moins de succès; entre autres de nouvelles romances, des airs, des cantates; et lorsqu'il fut au Conservatoire, il fit paraître une mélopée dans laquelle étaient décrits, avec autant de précision que de clarté, les véritables principes du chant. Il mit aussi en musique six psaumes qui sont une de ses productions les plus remarquables. Un de ces psaumes surtout, fait sur une seule note, produit une impression profonde par son caractère à la fois simple et sacré. Enfin, il venait de terminer un traité élémentaire d'harmonie et une école d'orgue qui lui avaient coûté un grand travail, lorsque des changements faits dans l'administration du Conservatoire lui firent perdre la place qu'il y occupait; mais à la restauration, il retrouva celle de surintendant de la musique du roi, à laquelle, comme on l'a vu, il avait été nommé avant la révolution.

Il avait alors 74 ans. Cependant sa verve musicale était loin d'être éteinte; il composa successivement et fit exécuter à la chapelle du roi une *Messe*, un *Te Deum*, un *Domine, salvum fac regem*, et plusieurs autres ouvrages du même genre qui sont une nouvelle preuve du talent supérieur qu'ont en général les compositeurs allemands pour la musique d'église. Le 1er janvier 1817, une faveur, ou plutôt un juste hommage rendu à sa célébrité, lui causa une vive satisfaction; il fut décoré, et sans l'avoir demandé, du grand cordon de l'ordre de Saint-Michel. Le 21 du même mois, quoiqu'il se sentît indisposé, il crut de son devoir de faire exécuter lui-même à Saint-Denis une messe des morts qu'il venait de terminer. Elle produisit un tel effet, que la famille royale, qui était présente, l'envoya à l'instant féliciter; mais cette suite d'émotions, quelque honorable qu'en fût la cause, était trop forte pour un vieillard déjà malade. Il dit aux musiciens qui étaient présents : « Mes amis, « je sens que je ne vivrai plus longtemps; je vous prie « d'exécuter cette messe pour moi, après ma mort,

« aussi bien que vous venez de le faire. » En effet, il tomba malade en rentrant chez lui, et peu de jours après il mourut, à l'âge de 76 ans, comblé, on peut le dire, d'honneur et de gloire dans la carrière qu'il avait embrassée, et dans laquelle, on ne peut trop le répéter, il ne devait rien qu'à lui seul.

Ses principaux ouvrages sont :

L'Amoureux de quinze ans, 1771;

Le Rendez-vous nocturne;

Le Fermier cru sourd, en trois actes, 1774;

L'Amant sylphe, en trois actes, 1774;

La Bataille d'Ivry, ou *Henri IV*, en trois actes;

Le Poëte supposé, en trois actes;

Le Droit du seigneur, en trois actes, 1783;

Annette et Lubin;

Sapho, tragédie lyrique en trois actes, 1794;

Sophie, ou *le Tremblement de terre de Messine*, en trois actes;

Six recueils d'airs, romances, chansons, avec accompagnement de forte-piano;

Une mélopée;

Six psaumes à deux voix, avec accompagnement d'orgue ou de forte-piano;

Des messes à grand orchestre;

Un Te Deum;

Des cantates;

Un ouvrage élémentaire sur l'harmonie et la composition (manuscrit);

Une école d'orgue (manuscrit)..........

Ce fut Martini qui le premier mit un accompagnement noté aux romances, et qui y ajouta des ritournelles. Elles n'avaient, avant lui, qu'une simple basse chiffrée. Il fut, comme Monsigny et Grétry, ses contemporains, un des fondateurs de l'opéra-comique en France, et leurs noms seront toujours cités ensemble. Enfin, quels que fussent ses ouvrages, on y remarque une science d'harmonie, et en même temps, une pureté et un charme de style que peu de compositeurs ont su réunir au même degré; aussi les travaillait-il avec le plus grand soin. Il s'appliquait particulièrement à y rendre avec exactitude, et d'une manière toujours simple, le sentiment qu'il avait à exprimer; genre de mérite que le temps ne peut détruire, parce que le sentiment ne change pas, et que l'on regrette de trouver si rarement aujourd'hui dans les opéras de nos jeunes compositeurs, qui semblent moins chercher à rendre les véritables intentions de l'auteur des paroles qu'à étonner par des effets nouveaux et extraordinaires.

Martini, comme on l'a vu, avait fait d'excellentes études; il était à la fois homme instruit et homme de société; son esprit était actif, son jugement sûr et prompt; on lui reprochait de la brusquerie et de l'emportement, surtout quand il était contrarié, ou plutôt blessé dans ce qui tenait à son art; mais ce défaut, commun à presque tous les grands artistes, n'avait point d'influence sur sa conduite dans le monde, ni dans les fonctions qu'il avait à remplir, et son équité naturelle, la véritable bonté de son cœur le ramenaient à l'instant à des sentiments bienveillants et généreux.

Ces qualités essentielles, qui lui méritaient autant

que son talent supérieur l'estime générale, lui avaient acquis des amis sincères qu'il conserva jusqu'aux derniers moments de sa vie.

RAPPORT

SUR UN OUVRAGE INTITULÉ :

DE LA CONDITION DES FEMMES

DANS UNE RÉPUBLIQUE.

LU DANS LA 63ᵉ SÉANCE PUBLIQUE DU LYCÉE DES ARTS,

AN VIII (1799).

RAPPORT

SUR UN OUVRAGE INTITULÉ:

DE LA CONDITION DES FEMMES

DANS UNE RÉPUBLIQUE.

Tous les philosophes ont parlé des femmes : le plus grand nombre s'est plu à leur rappeler leurs devoirs, à fixer à leur esprit, à leur cœur, à leurs passions des bornes si étroites qu'elles se sont vues dans la nécessité de les franchir sans cesse : feignant de ne pas voir cette éternelle balance dans laquelle la nature a pesé la force réelle des hommes et la puissance tacite des femmes, le plus grand nombre leur a dit, ou du moins cherché à leur prouver : « que l'homme était « l'être par excellence, et qu'elles n'étaient qu'un être « accessoire ; » ils les ont renvoyées, à chaque instant, à ce qu'ils ont appelé l'état primitif de la nature, sans réfléchir que les hommes eux-mêmes sont bien loin de cet état qui, comme ils le définissent, est peut-être illusoire; que l'existence, les goûts, les passions des femmes sont attachés immédiatement aux leurs ; que l'impulsion bonne ou mauvaise qui entraîne l'un ne peut laisser l'autre en arrière : et de ces faux principes, ils ont tiré des conséquences non moins fausses que l'esprit ne peut sous aucun rapport appliquer aux hommes et aux femmes tels qu'ils sont. En vain quelques-uns d'entre eux ont osé élever la voix en notre faveur, l'improbation, l'oubli, et cette espèce d'autorité que le temps donne à l'injustice même, tout a concouru à laisser les choses dans l'ordre qu'avait établi le droit du plus fort, presque toujours éludé par l'adresse du plus faible.

Que dans ces temps d'ignorance et de préjugés où les lois mêmes consacraient le despotisme et la féodalité, que dans ces temps on n'ait pas eu l'idée d'assurer à la moitié du genre humain la moitié des droits attachés à l'humanité, c'est ce que l'on pourra concevoir : mais que maintenant, dans ces moments où les mots d'égalité et de liberté ont retenti partout, où la philosophie, aidée de l'expérience, éclaire sans cesse l'homme sur ses véritables droits ; que dans ces moments on ait entièrement négligé de reconnaître ceux des femmes, c'est ce que l'on comprendrait plus difficilement, si les grands intérêts dont les esprits ont été occupés depuis la révolution ne semblaient en quelque sorte justifier cet oubli.

Oui, sans doute, les circonstances le justifient : cependant les femmes sont une partie si essentielle de la société, qu'il paraît incroyable qu'on les ait comptées pour rien dans les différents ordres de choses dont le bonheur de tous était nécessairement le but ; l'intérêt général et l'intérêt particulier sont également lésés par cette exception bizarre et illusoire.

Il n'est pas douteux qu'en attachant les femmes, en quoi que ce soit, à la chose publique, on ne fixe leur opinion, presque toujours flottante entre leurs passions et celles des hommes qui les intéressent : il n'est pas douteux qu'on ne fasse naître par là, dans leurs âmes, et par suite dans celles de leurs enfants, un patriotisme d'autant plus inaltérable, qu'il sera raisonné et fondé sur leur propre intérêt; il n'est pas douteux enfin qu'il ne soit de la plus grande importance de leur faire aimer le gouvernement sous lequel elles vivent, puisque sans cesse avec les hommes, raisonnant et discutant souvent aussi bien qu'eux, les subjuguant, quoi que l'on puisse faire, par l'attrait du sexe, elles doivent avoir sur les esprits même les plus éclairés une influence que les lois n'atteindront jamais. Ah! quel succès ne pourrait pas se promettre une femme vertueuse et belle, en parlant le langage de la raison, puisqu'il en a tant existé qui, manquant de la première et de la plus essentielle de ces qualités, n'en ont pas moins subjugué les plus grands hommes! L'histoire ne nous montre-t-elle pas

Périclès gouverné par Aspasie ; Laïs même se jouant des philosophes les plus célèbres d'Athènes ? et, sans aller chercher des exemples si éloignés, n'a-t-on pas vu, dans le siècle dernier, le grand Turenne tourner ses armes contre sa propre patrie, pour plaire à la duchesse de Longueville ; et le duc de la Rochefoucauld donner le même exemple, et justifier en quelque sorte sa faiblesse par ces deux vers si connus :

Pour mériter son cœur, pour plaire à ses beaux yeux,
J'ai fait la guerre aux rois, je l'aurais faite aux dieux.

Ces nombreux exemples, ces raisonnements simples et démontrés par l'expérience ont dû frapper les esprits justes ; mais il en est moins de ceux-là que d'autres. La multitude, que l'erreur et la vérité séduisent également, pourvu qu'on ait l'art de leur donner une apparence d'équité ; la multitude a adopté facilement l'opinion qui, en resserrant le pouvoir des femmes, donnait par là une plus grande latitude à celui des hommes. La force a été mise d'un côté, la faiblesse a été supposée de l'autre. En vain mille actions héroïques, surtout pendant la révolution, semblaient appeler de ce jugement, les juges étaient des hommes; et les femmes, oubliées, ne jouissant, pour ainsi dire, du bienfait des lois qu'à la faveur des hommes, sont restées flottantes, abandonnées à elles-mêmes, et portant au gré du hasard, de leur goût, de leur société, de leurs passions toujours actives, leur influence si souvent triomphante.

Il faut l'avouer pourtant, si des esprits passionnés et exclusifs sont parvenus à établir dans la masse une opinion défavorable aux femmes, la nature, plus forte qu'eux, les en dédommage dans le particulier, et y rétablit l'équilibre. C'est là que la justice reprenant ses droits, l'époux se plaît à déférer aux conseils de sa femme; c'est là qu'au sortir d'une assemblée où il a déclamé contre l'instruction des femmes, un père sensible vient chercher à développer dans sa fille le germe de tous les talents et de toutes les connaissances; c'est enfin là que ce même homme, auteur peut-être d'une loi contre l'indépendance des femmes, ne consent à faire passer dans les bras d'un gendre celle qui lui doit le jour, qu'autant qu'il lui assure une existence indépendante des caprices de son époux : inconséquence qui seule suffirait pour éclairer tous les yeux, si l'amour-propre, si l'orgueil pouvaient jamais être éclairés par la vérité. Je le répète, c'est surtout depuis la révolution que cette inconséquence devient plus sensible, et que les femmes, à l'exemple des hommes, se sont le plus élevées, et ont le mieux compris leurs véritables droits. Déjà celles à qui la fortune permet des loisirs donnent, en partie, à l'instruction des instants que la frivolité de leur ancienne éducation leur faisait donner au plaisir; déjà elles sont admises dans des sociétés savantes, dans des écoles de beaux-arts; déjà tout le monde doit voir que le mérite n'a pas de sexe, et que les droits n'en peuvent avoir. Ce moment est donc le meilleur que l'on puisse choisir pour appeler un instant sur les femmes l'attention des législateurs, et c'est sans doute ce qu'a pensé *Théremin*, membre du Lycée des Arts, et homme de lettres avantageusement connu par plusieurs écrits sur la politique, lorsqu'il a offert au public sa nouvelle production intitulée : *De la condition des femmes dans une république.* Cet ouvrage, dont je me suis chargée de faire le rapport, a déjà reçu, dans plusieurs journaux, les éloges qui lui sont dus, et je pourrais me hâter d'y joindre les miens; mais, je crois devoir avant tout faire un court exposé des questions qui y sont développées, et mettre par là le public à portée de prononcer lui-même sur son mérite.

C'est en établissant un petit nombre de principes clairs, précis, et pris dans la nature, c'est en étayant ces principes de faits et d'observations historiques, que l'auteur réclame aujourd'hui en faveur des femmes. Il démontre d'abord que chez les anciens, quoique jouissant en apparence de moins de liberté domestique qu'elles n'en ont aujourd'hui, elles avaient cependant plus de liberté politique, en ce qu'elles faisaient partie du gouvernement, qui même, en quelques occasions, était confié à leurs soins.

Il rappelle que dans le temps de la monarchie, les

femmes avaient encore conservé quelques parcelles accidentelles de ce pouvoir, et, considérant *que la république est un perfectionnement ultérieur à celui de la monarchie*, il pense qu'elle doit être plus favorable aux femmes, la civilisation progressive de l'espèce humaine ayant, dit-il, *toujours amené à sa suite une plus grande somme de bonheur pour elles*.

Il ne se contente pas d'avancer cette dernière vérité, il la prouve, il nous fait voir successivement la femme maîtresse chez le Français civilisé, esclave chez l'Oriental, servante chez le sauvage barbare; et passant des exemples aux raisonnements, il réfute victorieusement un philosophe anglais nommé *Godwin*, qui a prétendu que l'amour périrait à mesure que le genre humain parviendrait à un plus grand degré de perfection; système bizarre que la raison et la nature démentent à chaque instant.

Mais où l'auteur met véritablement son opinion dans tout son jour, c'est lorsque après avoir démontré que le bonheur ne consiste que dans le libre exercice de ses facultés, et que les femmes ont droit à ce bonheur aussi bien que les hommes, il ajoute qu'il y a deux êtres dans la femme aussi bien que dans l'homme ; le premier, un être moral, libre par essence, ne connaissant de loi que celles de sa moralité, et n'ayant point de sexe ; et le second, un être physique, dépendant de l'homme de la même manière que l'homme en est dépendant.

« Le monde est rempli, dit-il, de plaintes contre
« les femmes, et il le sera toujours, tant qu'on n'aura
« pas appris à connaître leur véritable essence, tant
« qu'on leur demandera une soumission et une
« obéissance aveugle auxquelles il n'est dans la na-
« ture d'aucun être raisonnable de se résoudre, et
« auxquelles nul être moral ne doit être assujetti.
« Nous ne voulons regarder les femmes que comme
« des êtres physiques, et ne pas regarder leurs droits
« comme êtres moraux. Nous ne voulons qu'une
« moitié de la femme, celle qui nous convient le
« plus ; et nous oublions que c'est la moitié morale
« qui donne la moitié physique, et que cette der-

« nière n'est que la récompense de la justice que
« nous savons rendre à la première. »

On ne peut le nier, cette distinction ingénieuse jette une vive clarté sur les contradictions perpétuelles que l'observateur remarque entre les actions et les raisonnements des hommes et des femmes; elle semble même expliquer pourquoi ces lieux communs de morale naturelle, que l'on nous débite sans cesse, paraissent toujours justes dans l'application générale, et sont presque toujours faux dans leur application particulière. Elle nous apprend enfin pourquoi le droit du plus fort, droit purement physique, mais incontestable de l'homme à la femme, n'a jamais pu cependant, à quelque excès qu'on l'ait porté, établir la puissance absolue d'un côté et la soumission résignée de l'autre, le moral étant, pour ainsi dire, toujours là, prêt à réparer les erreurs et les usurpations du physique. Aussi l'auteur, regardant ses idées comme suffisamment établies, après quelques développements, passe-t-il aux conséquences, qui ne sont ni moins intéressantes ni moins nouvelles que ses principes.

Il s'étonne d'abord que sous le gouvernement actuel, qu'il ne cesse de regarder comme le plus favorable aux femmes, on n'ait donné aucune extension à leur instruction et à leur sphère d'activité ; il remarque que la faculté d'hériter par égales portions et le divorce sont presque les seuls points qu'elles aient gagnés à la liberté des hommes. Il réclame contre l'inconséquence qui fait considérer et condamner la femme comme homme au tribunal criminel, tandis qu'on la traite en enfant toujours en tutelle au tribunal civil, comme si à la fois on pouvait lui accorder la faculté de distinguer le bien du mal dans les points les plus capitaux, et lui refuser cette même faculté dans des cas bien moins importants. Il fait sentir combien, dans l'état actuel des choses, il est absurde de prétendre qu'aux dépens de toute intelligence, les femmes doivent, quelle que soit leur fortune et leur position, se livrer uniquement à cette vie intérieure, à ces petits travaux auxquels on se plaît à les renvoyer, travaux qui, insuffisants déjà pour toutes celles qui n'ont pas d'autres moyens d'existence, devraient plutôt leur être réservés. Il voudrait qu'au nombre des lois qui favorisent l'industrie, il s'en trouvât qui assurassent à cette dernière classe de femmes un travail qui les préservât au moins de l'oisiveté et de la misère. Il demande qu'il y ait pour toutes des écoles, des établissements publics, de nouveaux et nombreux *Saint-Cyr*, dotés convenablement, qui deviendraient des pépinières de mœurs, de talents, de vertus. *Sommes-nous donc*, s'écrie-t-il, *une république d'hommes seulement ?* Et en effet, quel est l'être sensible qui ne fera pas cette question, lorsqu'il verra que, hors les écoles primaires, où l'on n'apprend aux jeunes filles indigentes qu'à lire et à écrire, et hors le conservatoire de musique, où l'on n'en admet qu'un nombre déterminé ; et sous le rapport de l'utilité publique, il n'existe pour les femmes aucun établissement, aucun encouragement national, tandis que les écoles centrales, polytechnique et autres, sont ouvertes aux hommes, et que, pour couronner ces bienfaits, le Prytanée offre aux jeunes garçons, non-seulement tous les moyens d'instruction dont ils peuvent avoir besoin, mais encore un asile et une subsistance assurés jusqu'à leur adolescence?

On doit, dira-t-on, pourvoir à l'éducation des fils dont les pères sont morts pour la patrie. Oui, sans doute, on le doit; mais ces fils n'ont-ils pas de sœurs? Leurs pères ne leur eussent-ils pas prodigué les mêmes soins, et faut-il que le hasard du sexe prive ces infortunées orphelines des secours qu'une nation juste et bienfaisante doit répandre également sur tous les individus qui la composent? Faut-il que tant d'autres femmes, qui sentent en elles cette émulation, ce feu sacré, source de toutes les grandes qualités et de toutes les grandes vertus, voient, dès leur enfance, comprimer, étouffer dans leur âme, par un préjugé barbare, ces germes précieux dont l'heureux développement eût fait le charme de leur famille et peut-être la gloire de leur nation? La poésie française ne s'honore-t-elle pas du nom de Deshoulières, les sciences de celui de du Châtelet, la peinture de celui de Lebrun; et, en laissant à part même la justice que l'on doit aux femmes, le bien-être qui résulterait pour elles de cette justice, et les avantages qu'en retireraient les mœurs, les vertus, les beaux-arts, n'est-il pas évident que l'intérêt seul des hommes devrait leur suffire pour les engager à établir entre elles et eux cette égalité de droits que rien ne peut anéantir, et qui semble, en quelque sorte, se relever d'un côté à mesure qu'on la comprime de l'autre? Ah! supposons-nous un instant aux portes du Prytanée, au sortir d'un de ces concours touchants où la nation récompense, par les mains de ses ministres, les travaux de ses élèves; considérons cette jeune fille attentive à la cérémonie auguste; descendons dans sa petite âme, agitée déjà de toutes les passions dont elle est susceptible, et concevons le dépit secret qu'elle doit éprouver à la vue du jeune vainqueur couronné, passant fièrement près d'elle, près d'elle qui peut-être a autant de talent que lui, et qui, pour prix de ses travaux, de ses soins, de ses veilles, ne reçoit que le dédain prématuré d'un sexe dont elle doit être l'éternelle compagne.

N'en doutons point, cette préférence injuste laissera dans son âme des traces ineffaçables, et il viendra un jour où, sûre d'un pouvoir qui ne connaît point de lois, elle se vengera avec usure de l'affront fait à son sexe et à sa personne.

Et que l'on ne m'objecte pas ici qu'en instruisant les femmes on les arrache aux soins et aux travaux domestiques. Une femme instruite et éclairée ne donnera pas à l'étude un temps nécessaire à son ménage et à sa famille; elle lui donnera celui que tant d'autres vont prodiguer dans les bals, les promenades, les assemblées oisives et dispendieuses. Que l'on ne m'objecte pas non plus cet éternel lieu commun répété cent fois, et toujours démenti par l'expérience, *que les femmes ne sont pas nées pour l'étude; qu'elles ne peuvent, comme les hommes, se faire un nom dans les lettres, les arts ni les sciences;* une foule d'exemples, conservés de siècles en siècles, sont la preuve du contraire. Et quand on n'aurait pas à citer en leur faveur cette preuve sans réplique, les réclamations qu'elles n'ont cessé de faire à ce sujet ne sont-elles pas une réponse plus que suffisante? Soyons de bonne foi avec nous-mêmes ; nous portons tous en nous le sentiment de nos propres forces ; passé l'effervescence d'une première jeunesse, il n'est point d'être raisonnable qui ne se mette à sa véritable place. La nature, traçant à chacun le cercle qu'il doit parcourir, ne se contente pas de révéler au génie le secret de ce qu'il peut entreprendre : elle pose encore dans les esprits médiocres les bornes de la médiocrité ; et lorsqu'elle donne à un être, quel qu'il soit, le désir constant de s'élever, on peut hardiment affirmer qu'elle lui en donne aussi les moyens.

Mais il est temps de revenir à l'ouvrage dont je rends compte, et d'en achever l'analyse. Il restait à l'auteur un point à traiter, et ce point était important : *Les femmes doivent-elles, ou non, voter dans les assemblées de la nation, et être admises aux fonctions publiques ?* Telle est la question qu'il semble se proposer, et qu'il résout facilement par ses principes mêmes, en rappelant que, bien qu'il ait établi que la femme doit avoir une existence morale séparée et indépendante de celle de l'homme, il les a toujours

considérés comme dépendant physiquement et individuellement l'un de l'autre : or, leurs intérêts sont donc les mêmes; le mari et la femme ne sont donc qu'une même personne politique, quoiqu'ils puissent être deux personnes civiles, et le vote et les actions politiques de l'un sont donc nécessairement compris dans ceux de l'autre. « Et remarquez ceci,
« s'écrie-t-il, mères et épouses; lorsque vos enfants
« et vos époux délibèrent dans les assemblées souve-
« raines, c'est pour vous comme pour eux qu'ils déli-
« bèrent; ce sont vos intérêts comme les leurs qu'ils
« stipulent: et lorsqu'ils disent un oui ou un non, d'où
« dépend le salut de l'État, votre voix retentit dans
« l'assemblée. »

L'auteur ne croit pas nécessaire de justifier les hommes de s'être approprié exclusivement la puissance souveraine, et certes il a raison; je me plais à le répéter avec lui : quoique plus d'une femme ait exercé cette puissance avec gloire, quoique d'autres, en l'usurpant, aient justifié leur audace par leur mérite et leur succès, on ne voit point, en général, les femmes

se prévaloir de ces autorités pour sortir de la place
que leur a plus particulièrement assignée la nature ;
et, comme il le dit fort bien, et surtout fort galam-
ment, « elles exercent une autre espèce de souverai-
« neté que les hommes ne partagent point avec elles,
« qu'elles savent mieux maintenir, et qui n'est pas si
« souvent envahie que la leur. » Cependant, revenant
à ses premiers principes, il fait sentir combien il
est juste et nécessaire de les dédommager de cette
nullité apparente en politique, en les attachant par
d'autres moyens à la chose publique. Il demande
que le gouvernement les emploie dans l'instruction
publique, dans la célébration des fêtes nationales. Il
voudrait qu'elles fussent chargées d'une foule de fonctions de bienfaisance, de pacification, de bienveillance,
convenables à la sensibilité de leur âme. Enfin, il ter-
mine son ouvrage en faisant observer que l'équité
exige qu'on les mette à portée de défendre leurs droits
naturels et inaliénables, en les admettant dans les tri-
bunaux de famille, où sont portées la plupart des
causes qui les concernent ; proposition si juste qu'il

paraît inconcevable qu'elle n'ait pas encore été adoptée. Quoi! dans ces assemblées conciliatrices, où des parents, des amis se réunissent pour rapprocher des époux divisés, une mère ne pourra élever la voix en faveur de sa fille, la défendre si elle est innocente, l'excuser si elle est coupable! Eh! qui plus qu'une mère doit avoir ce droit sacré? Eh! qui mieux qu'une femme saura se servir à propos de l'éloquence persuasive du sentiment?

Mais c'est dans l'ouvrage même qu'il faut voir ces différentes propositions et les raisonnements dont l'auteur les appuie. Quoique cette production soit plutôt une espèce d'appel à la justice qu'un ouvrage véritablement élémentaire et analytique, elle ne peut manquer de faire époque dans la défense des femmes, non-seulement par les sentiments qui dirigent l'auteur, par la manière sûre dont il les fait émaner de ses principes, mais encore par la clarté, la précision de son style, et par les mouvements oratoires dont il sait l'orner à propos. La seule chose qu'on pourrait lui reprocher serait sa brièveté. Le sujet qu'il embrasse tient à de si grands intérêts, que le lecteur devient nécessairement exigeant. Il ne lui suffit pas de voir le raisonnement et le sentiment s'unir pour soutenir une aussi belle cause; il voudrait qu'on lui présentât un plan vaste, dont l'exécution mît la moitié de l'humanité à l'abri des inconvénients auxquels on cherche à la soustraire. Mais que l'on réfléchisse un instant au long espace de temps qu'il eût fallu à l'auteur pour faire un ouvrage de ce genre, au besoin qu'il y a qu'on s'occupe promptement de cet objet, et l'on concevra qu'il n'a pu atteindre son but qu'en raccourcissant, pour ainsi dire, le chemin qui devait l'y conduire. Il est à croire qu'enflammé par son succès, il se hâtera de remplir la glorieuse tâche qu'il s'est lui-même imposée; et, aussi, que plusieurs hommes éclairés s'empresseront de joindre leurs voix à la sienne, d'adopter ses principes, et d'y joindre les idées nouvelles que leur suggéreront leur zèle et leur équité. Écrivains, philosophes, ce n'est pas une faveur que l'on vous demande, c'est une justice que l'on réclame de vous! Il est temps d'assurer le bonheur, l'existence de vos épouses, de vos sœurs, de vos mères ; de ces êtres à qui vous devez la vie et le plus doux sentiment qui puisse l'embellir ; de ces êtres sensibles qui, non contents de soigner votre enfance, de développer votre adolescence, de charmer votre jeunesse, vous offrent encore dans vos vieux jours les soins de l'amitié consolatrice. Il ne suffit pas de ne point opprimer un sexe dont vous êtes nés les défenseurs ; ce n'est là que l'action d'un maître généreux : il faut encore le protéger, l'éclairer, le mettre à sa véritable place, et le rendre digne de vous, puisqu'il n'est point de révolution sur la terre qui puisse vous en séparer. Ne craignez donc pas de fixer sur les femmes l'attention des législateurs ; que vos écrits rappellent aux Français un devoir si sacré. Et vous aussi, vous surtout femmes lettrées, femmes artistes, qui charmez vos loisirs par de dignes travaux, employez-en quelques-uns à la défense des femmes ; ne cherchez point, comme tant d'autres l'ont fait, à être une exception parmi vos compagnes, à adopter, avec les talents que les hommes se sont appropriés, les goûts et les opinions qui les caractérisent : cherchez plutôt à honorer votre sexe et honorez-vous-en; soutenez sa cause par votre exemple, par vos principes, par vos raisonnements, et par cette noble fierté que donne la conviction intime de ce l'on vaut, et à laquelle l'injustice même est contrainte de céder. Mais que dis-je? faut-il faire aux hommes l'injustice de croire qu'il soit nécessaire de réveiller de tant de manières dans leur âme un sentiment qu'y grava la nature? Non; qu'ils l'éprouvent une seule fois, et nous aurons triomphé. Déjà ce sentiment, bravant les préjugés, nous rend ce qu'ils semblent nous refuser; déjà plusieurs femmes artistes reçoivent du gouvernement des encouragements et des récompenses; déjà des hommes sages, que leur mérite met au-dessus des petites passions dominatrices, se disposent à devenir nos défenseurs ; et, n'en doutons pas, lorsqu'au retour de ses glorieuses campagnes, le guerrier français viendra chercher le repos dans ses heureux foyers, ce sera des mains *libres* de sa femme qu'il recevra la couronne civique, noble prix de ses travaux.

Tel est l'espoir du Lycée, tel est le mien; et, j'ose l'affirmer, tel doit être celui d'une nation généreuse qui, non contente d'étonner l'univers par ses victoires, doit encore l'éclairer par sa justice et sa philosophie.

RAPPORT

SUR

DES FLEURS ARTIFICIELLES,

LU A LA 64ᵉ SÉANCE PUBLIQUE DU LYCÉE DES ARTS,
LE 30 VENDÉMIAIRE AN VII.

RAPPORT

SUR

DES FLEURS ARTIFICIELLES.

C'est de l'ouvrage d'une femme que je vais parler; c'est le fruit de ses soins, de ses veilles, de ses expériences réitérées que je vais faire connaître : c'est sur une imitation que je puis dire parfaite des productions les plus aimables de la nature que je vais un instant appeler l'attention de cette assemblée. Un tel sujet ne peut qu'être intéressant pour tout le monde : les femmes y trouveront un nouveau motif d'émulation, et les hommes justes une occasion d'applaudir au zèle et au talent d'un sexe dont les succès doivent être pour eux une jouissance.

Il n'est personne qui ne promène avec enthousiasme ses regards sur un parterre garni de fleurs : la nature, qui ne perd jamais ses droits, nous ramène sans cesse à ce goût primitif. L'homme riche couvre ses jardins superbes de fleurs odoriférantes et variées, que souvent il fait venir à grands frais des pays étrangers. Le villageois laborieux dérobe dans son jardin une place au légume utile pour y cultiver une fleur; et, dans nos villes même, dans Paris, ne voyons-nous pas au printemps, nos quais, nos fenêtres, couverts d'une multitude de fleurs qui, si elles avaient un langage, exprimeraient sans doute l'étonnement qu'elles ont de se trouver dans un lieu si étranger pour elles?

Cependant, quelque charme que l'on ressente en considérant une fleur, il s'y mêle presque toujours un sentiment pénible; celui qui a vu le matin s'entr'ouvrir une rose, qui l'a admirée brillante au milieu du jour, la voit le soir même toucher à sa fin, et c'est rendre un véritable service aux admirateurs de la nature, c'est prolonger leurs jouissances que d'imiter les fleurs, de les fixer d'une manière invariable, et d'en former, pour ainsi dire, un parterre permanent, à l'abri des injures du temps et des saisons.

Tel a été sans doute le premier objet de ceux qui ont tenté de faire des fleurs artificielles. Tous n'y ont pas également réussi; cette multitude de folioles colorées qui composent la fleur, ce calice qui la reçoit, cette tige qui la soutient, ces feuilles qui l'environnent et la protégent contre l'intempérie de l'air, ces organes délicats, cachés dans son sein, qui ne paraissent au vulgaire qu'un agrément de plus, mais qui, pour le naturaliste éclairé, sont la source de la vie et de la reproduction des fleurs; ces détails innombrables enfin exigent, dans ceux qui veulent les imiter, un zèle, une aptitude et un esprit d'observation qu'il n'est pas donné à tout le monde d'avoir. Cet art encore nouveau en France, est déjà ancien dans plusieurs autres pays; les Italiens, les Chinois surtout, y sont parvenus à un grand degré de perfection. Ces derniers, pour mieux approcher de la nature, font leurs fleurs artificielles avec une espèce de pâte dont ils ont seuls le secret, et qui a l'avantage de rendre parfaitement ce duvet, ce velouté que l'on remarque sur les fleurs; mais cette pâte devenant extrêmement fragile, exige tant de ménagements, qu'on ne se sert dans la Chine de fleurs artificielles que pour orner la toilette des femmes.

En Italie, au contraire, elles sont d'un usage général, et elles formaient autrefois une branche de commerce considérable avec la France. Les procédés qu'on y emploie sont simples et connus de tout le monde; ils consistent à découper laborieusement avec des ciseaux de la batiste, des coques de vers à soie, de la gaze, et à disposer ces folioles le plus artistement possible. Ces travaux délicats n'étaient pas seulement réservés en Italie à ceux qui en faisaient métier; les gens riches, la noblesse s'en amusaient et s'en occupaient aussi, et l'on retrouve encore dans plusieurs maisons des corbeilles de fleurs, fruit du travail des anciens maîtres.

En France, comme je l'ai déjà dit, l'art de faire des fleurs artificielles est encore nouveau. Il s'y présenta d'abord d'une manière peu satisfaisante. Un assemblage bizarre de plumes mal rangées, mal teintes, de feuilles mal assorties, composait ce que l'on appelait des bouquets artificiels. On parvenait cependant à en faire de plus agréables en découpant la batiste à la manière des Italiens; mais la longueur de ce procédé s'opposait à ce qu'il fût généralement adopté; et ce ne fut qu'au commencement de ce siècle qu'un Suisse, ayant inventé un instrument de fer propre à découper en un instant plusieurs feuilles à la fois, l'art du fleuriste artificiel commença à prendre une consistance.

En 1783 surtout, un savant, à la fois chimiste et botaniste, se livra avec tant de zèle à l'imitation des fleurs, que les siennes rivalisèrent bientôt avec celles de l'Italie. Mais le peu d'importance qu'un homme occupé d'études scientifiques devait attacher à cet art de simple imitation ne permit pas qu'il donnât à ses procédés toute la publicité qu'ils auraient dû avoir, et peut-être cet art n'aurait-il fait encore chez nous que peu de progrès, si une dame, que l'on peut mettre au rang de nos artistes distingués, madame M., auteur des fleurs artificielles qui sont l'objet de ce rapport, ne fût parvenue, à force de temps et d'expériences, à leur donner un tel degré de perfection que l'on peut à peine les distinguer des fleurs naturelles. Aussi lorsqu'elle a réclamé de la justice du Lycée des arts une de ces honorables mentions publiques par lesquelles il se plaît à encourager et à récompenser le talent, a-t-il décidé à l'instant qu'il serait lu dans sa première séance un rapport sur ces fleurs, et s'est-il empressé de m'engager à me charger de ce travail.

Le devoir que je me suis imposé, de tout temps, de ne perdre aucune occasion de mettre en évidence le talent des femmes, m'ayant fait accepter avec plaisir cette proposition, mon premier soin fut de me rendre dans le lieu où madame M. a rassemblé ceux de ses ouvrages qui, dans ce moment, attirent l'attention des artistes. En y entrant, j'ai cru me trouver dans un parterre brillant, où, par un art inconnu jusqu'à présent, toutes les fleurs des différentes saisons se trouvaient épanouies au même instant. L'examen approfondi que j'ai fait de ces fleurs n'a détruit en rien l'illusion que j'avais éprouvée d'abord. Cette partie que les botanistes appellent corolles, les pistils, les étamines, tout, jusqu'à cette inégalité harmonieuse que l'on remarque dans certaines fleurs, tout y a été observé avec la plus scrupuleuse exactitude. Ce n'est pas non plus sans éprouver un nouvel enthousiasme que j'ai revu cette superbe corbeille, chef-d'œuvre de l'art imitateur, qui, cette année, a attiré tous les regards au salon d'exposition de peinture, ouvrage que le artistes les plus célèbres ont admiré, et qui, de leur aveu, offre dans son genre une perfection dont, jusqu'à présent, on n'avait aucune idée.

Pour parvenir à cette perfection, madame M. ne s'est servie cependant d'aucun moyen nouveau; mais l'expérience lui a fait connaître ceux qu'elle devait préférer. Après les avoir tous pris, laissés, repris ou abandonnés, elle se détermina à se borner à l'usage des ciseaux, à rejeter le fer comme donnant aux fleurs une forme trop régulière, et enfin à les colorer avec le pinceau, ce qui rapproche en quelque sorte son art de celui de la peinture. Ces procédés, comme on le voit, n'ont rien de particulier; aussi n'est-ce pas cela seul qui l'a fait réussir : c'est cette persévérance, ce désir de bien faire, cette ardeur inexprimable qui tient à l'esprit créateur, quel qu'il soit, qui est nécessaire au génie même, et qui fait qu'avec les mêmes moyens, les mêmes circonstances, tel reste obscur où tel autre obtient le succès le plus brillant et le plus mérité.

Il est aisé de concevoir combien cette nouvelle perfection des fleurs artificielles peut devenir avantageuse pour la France. Il n'y a pas encore longtemps que celles qu'on y employait étaient en partie tirées de l'Italie; nous pouvons à présent y reporter les nôtres, et c'est, pour ainsi dire, une nouvelle conquête que nous venons de faire sur ce pays.

Une idée plus séduisante encore, en ce qu'elle tourne

au profit des sciences, serait d'imiter toutes les plantes des différents climats et d'en former un cabinet, dans lequel le jeune élève, le savant pourraient embrasser d'un coup d'œil toutes ces richesses de la nature, et s'instruire paisiblement, sans être arrêté par les inégalités des saisons ou les dangers d'un voyage. Cette idée a paru au Lycée offrir des avantages si réels que je m'empresse de la soumettre aux naturalistes qui pourraient la réaliser.

Qu'il me soit permis maintenant de donner un aperçu de quelques réflexions qui m'ont été suggérées par le sujet que je viens de traiter. En regardant ces fleurs si délicatement travaillées, en me rendant compte des soins, des détails, du talent par lesquels on est parvenu à ce degré de perfection, je me suis demandé pourquoi les femmes, plus adroites, plus sédentaires, souvent plus industrieuses que les hommes, n'étaient point exclusivement chargées de ces sortes d'ouvrages. Je me suis demandé par quel préjugé, par quelle inconséquence, on bornait, en général, leur éducation à leur enseigner les travaux de l'aiguille, travaux dont, vu l'extrême concurrence, la rétribution est si modique, qu'elle ne peut suffire aux besoins de l'ouvrière la plus laborieuse. J'ai cherché pourquoi des hommes, dont la force est le partage, des hommes que réclament la défense de la patrie et la culture des terres, se dévouant à des occupations minutieuses, arrachaient ainsi aux femmes leurs véritables moyens de subsister, et je n'ai trouvé à cet usage aucune raison qui ne fût contraire à l'ordre naturel des choses. Cet abus, plus dangereux encore qu'il ne le paraît, ne subsiste pas également partout. A Genève, par exemple, les femmes s'occupent des détails de l'horlogerie. Pourquoi n'en serait-il pas de même ici? Pourquoi, dans nos manufactures, dans nos magasins, dans nos maisons, tous les travaux qui n'exigent pas une grande force ne leur seraient-ils pas particulièrement réservés? Il est évident qu'en leur fournissant des moyens suffisants d'exister, les arts, les mœurs, le bonheur des familles y gagneraient également. Oh! de combien de désordres l'infortune n'est-elle pas la cause! Combien de femmes égarées, dont l'honnête homme détourne les yeux avec douleur, qui, si elles eussent pu exister du fruit de leur travail, seraient épouses, mères, et vivraient respectées au sein d'une heureuse famille !

Puissent ces réflexions et la nouvelle preuve que je viens de donner de ce dont les femmes sont capables, contribuer à assurer leur existence, leur bonheur, leurs droits ! Puissent aussi des esprits éclairés s'occuper sérieusement de leur éducation ; et, les considérant sous plus d'un aspect, sous celui des arts, de l'étude, achever de rendre à leur esprit, à leur génie cette sage indépendance qui est la source des grandes vertus et des grands talents ; et puissent-ils enfin ne pas oublier qu'elles ont autant de droits que les hommes à ces encouragements, à ces récompenses nationales qu'un gouvernement éclairé se plaît à répandre sur ceux dont les talents tournent à l'utilité et à la gloire de la nation ! Telles sont les vérités que je n'ai pas perdu une occasion de proclamer ; tels ont aussi toujours été les principes du Lycée des arts : dans tous les temps il s'est plu à rendre justice au mérite, aux talents des femmes, et il en donne aujourd'hui une nouvelle preuve en décernant une de ses médailles à madame M.

RAPPORT

SUR

Mme DE MONTANCLOS,

LU DANS UNE DES SÉANCES PARTICULIÈRES DE LA SOCIÉTÉ
DES BELLES-LETTRES, EN 1797.

RAPPORT

SUR

Mme DE MONTANCLOS.

S'IL est digne d'une société littéraire de s'associer de jeunes talents pour les encourager, des auteurs déjà célèbres, pour contribuer à sa gloire, il ne l'est pas moins d'accorder cette honorable distinction à ceux que l'âge a rendus plus recommandables encore; et surtout, lorsque ayant conservé cette activité qui semble être un des priviléges des esprits supérieurs, ils ajoutent sans cesse à leur renommée par de nouveaux ouvrages et de nouveaux succès.

C'est sous ce dernier point de vue que, comme membre de la société des belles-lettres, je viens lui proposer d'admettre au nombre des littérateurs qui la composent une de nos femmes poëtes les plus distinguées, madame de Montanclos, connue aussi sous le nom de madame de Princen, qui était celui de son premier mari. Ses titres littéraires sont nombreux; je vais en présenter un court exposé, et faire en même temps connaître à la société, à qui, je crois, ces détails seront agréables, les principales circonstances de sa vie, d'après les données qui m'ont été fournies par elle-même.

Née en 1736, à Aix en Provence, dans le pays de nos anciens troubadours, douée par la nature d'une âme et d'une imagination ardentes, madame de Montanclos, dès ses plus jeunes ans, sentit se développer en elle le goût, ou plutôt l'instinct de la poésie. Encore enfant, elle se plaisait à réciter des vers; et elle savait déjà distinguer ceux dont l'harmonie était la plus heureuse. Cependant, élevée dans un couvent, comme c'était alors l'usage, ses brillantes dispositions ne purent d'abord être cultivées, et ce ne fut qu'après être rentrée dans le monde, qu'elle put se livrer librement à un goût que la contrainte qu'elle avait dû s'imposer avait rendu pour elle une sorte de passion. Elle lut, elle s'instruisit, elle forma son esprit en se pénétrant des chefs-d'œuvre de nos grands auteurs, et bientôt, elle fit quelques poésies fugitives qui annonçaient autant la fécondité de son imagination que la sensibilité de son cœur. Mais cette sensibilité, quoiqu'elle soit sans doute un des plus beaux dons de la nature, ne tarda pas à devenir pour elle la source des plus vives peines. Mariée au baron de Princen, veuve peu de temps après, frappée à la fois dans son bonheur intérieur, dans ses affections, et aussi dans sa fortune, madame de Montanclos se vit obligée de chercher dans son goût pour la littérature, non-seulement des consolations, mais les moyens de se replacer dans la situation qu'elle venait de perdre. Elle y réussit mieux qu'elle n'avait osé l'espérer; sa voix, que le sentiment de son malheur rendait encore plus éloquente, pénétra jusqu'à la cour. Plusieurs pièces de vers fort touchantes qu'elle publia intéressèrent la reine à son sort, et, en 1774, elle obtint la rédaction du *Journal des Dames* qui avait été interrompu depuis plus de six ans, et qui venait de reparaître.

Ce journal, ou plutôt ce recueil littéraire, se composait de poésies diverses, et de petits ouvrages des auteurs les plus renommés du temps. Madame de Montanclos y inséra successivement un grand nombre de ses productions; des *Idylles*, des *Romances*, un *Dialogue* ayant pour titre : *Est-ce de l'amour ou de l'amitié?* un roman intitulé *Céphise*, et beaucoup d'autres ouvrages qui tous étaient lus avec empressement et qui ajoutaient sans cesse à sa réputation littéraire.

Sans doute tant d'avantages réunis lui auraient fait désirer de conserver la rédaction de ce journal, si, ayant épousé M. de Montanclos, qui était attaché à la cour, elle n'eût cru son sort assuré, et n'eût re noncé à un travail qui la mettait, en quelque sorte, dans la dépendance du public. Mais il semble qu'il y ait des destinées auxquelles rien ne peut nous soustraire : après quelques années de l'union la plus heureuse, la mort lui enleva aussi son second mari, et elle se trouva dans une situation plus fâcheuse encore que la première ; car elle était mère de plusieurs enfants, et n'avait qu'une fortune très-bornée, que bientôt même la révolution acheva de détruire.

Ce fut alors que le désir d'élever et de soutenir honorablement sa jeune famille lui fit prendre la résolution de se consacrer entièrement aux lettres. Elle publia d'abord (en 1790) deux volumes sous le titre d'*OEuvres de madame de Montanclos, cidevant madame de Princen*, et bientôt, voulant se faire connaître par des ouvrages plus importants, et se sentant assez de talent pour s'élever jusqu'au genre dramatique, elle se décida à travailler pour le théâtre.

Le premier ouvrage qu'elle donna fut *le Fauteuil*, comédie en un acte représentée au théâtre de Molière, et qui eut le plus brillant succès. Encouragée par cet heureux début, elle fit, pour le théâtre Montansier, *Robert le Bossu* qui ne fut pas moins accueilli, et que tout le monde a vu et revoit avec un nouveau plaisir; elle donna ensuite, dans l'espace de quelques années, *la Bonne Maîtresse*, dont le sujet est tiré d'un roman de l'auteur; *les Habitants de Vaucluse*, opéra comique, dont Mengozzi composa la musique, et qui est un tableau aussi vrai que touchant de ce qu'on appelle les amours du bon vieux temps. Enfin, elle a terminé aussi trois nouvelles pièces : *l'Heureuse Gageure*, *les Trois Sœurs* et *la Famille savoyarde*, qui toutes sont reçues au théâtre Feydeau, et qui ne tarderont pas à y être représentées.

Il me serait facile d'entrer ici dans plus de détails sur ces différents ouvrages, sur le succès que presque tous ont obtenu, et sur les éloges qu'ils méritent; mais je crois en avoir dit assez pour prouver que de toutes les femmes qui se font aujourd'hui un nom dans la littérature, il n'en est point qui aient plus de droits que madame de Montanclos, à faire partie d'une réunion dont le seul but est de propager l'amour des lettres et d'honorer le véritable mérite. J'ajouterai seulement (et c'est sans doute ce que l'on aura déjà pensé) que cette justice n'est pas moins due à ses qualités essentielles qu'à son talent. On a vu avec quel courage elle a supporté ses malheurs. Chaque instant de sa vie, on peut le dire, a été, et est encore consacré à ses travaux et à ses devoirs, et, ce qu'il faut aussi admirer en elle, c'est que, malgré tant de pénibles épreuves, toujours la même, toujours bonne et bienveillante, elle n'a rien perdu de cette sensibilité active, de cette amabilité qui la faisaient rechercher dans sa jeunesse, et qui la rendent encore aujourd'hui l'objet de l'affection et de l'estime de tous ceux qui la connaissent.

Je renouvelle donc, en terminant ce rapport, la proposition que j'ai faite d'admettre Mme de Montanclos au nombre des littérateurs qui composent cette Société. Si, comme je dois le croire, cette demande est accueillie, la renommée que lui ont acquise ses nombreux ouvrages, et la part qu'elle prendra à nos travaux, ne peuvent qu'ajouter à l'intérêt et à l'éclat de nos séances, et à l'estime que le public témoigne de plus en plus à la Société des belles-lettres (1).

(1) Après avoir entendu ce rapport, la société s'empressa de recevoir madame de Montanclos, et, dans la première séance publique qui eut lieu, elle lut plusieurs de ses ouvrages qui furent vivement accueillis. Quoiqu'elle fût alors dans un âge déjà avancé, elle vécut encore longtemps, et elle continua à travailler avec la même activité. Outre quelques nouvelles pièces de théâtre qu'elle donna, elle fit insérer dans des recueils littéraires, et principalement dans l'Almanach des Muses et le Mercure, un grand nombre de poésies. Toutes sont remarquables par une sensibilité, une grâce, une pureté de style, qui sont le caractère principal de son talent, et auxquelles se joignait souvent une mélancolie dont, sur la fin de sa vie, le malheur lui avait en quelque sorte donné l'habitude. Elle mourut en 1812. Le Mercure lui consacra presque à l'instant, une notice nécrologique assez étendue. « Madame de Montanclos, » y est-il dit, « vient de « mourir subitement, à l'âge de 76 ans; rien néanmoins « n'annonçait sa fin prochaine; à peine paraissait-elle âgée « de 50 ans, et l'on voyait encore qu'elle avait été belle. « Quelques jours avant sa mort, elle avait adressé au rédac-

« teur du Mercure plusieurs pièces de vers, entre autres des
« stances intitulées : *Sur ma Vieillesse*, et *les Adieux sous le
« saule pleureur*, qui sont, en quelque sorte, ses adieux à la
« vie. »

Les deux volumes que madame de Montanclos a publiés sous le titre d'*OEuvres*, en 1790, ne contiennent que ses premiers ouvrages. Mais les nombreuses poésies qu'elle a faites depuis se trouvent dans tous nos recueils littéraires; et ses pièces de théâtre, qui font aussi partie de plusieurs collections, ont été imprimées séparément.

Les journaux qui ont annoncé sa mort, et les articles biographiques que l'on a faits sur elle, rendent tous justice au mérite de cette femme remarquable sous tant de rapports, et la mettent au rang de nos poëtes distingués.

NOTICE

SUR LA VIE ET LES OUVRAGES

DE MENTELLE.

J'ai dit dans l'avertissement de l'Éloge de M. de la Lande que ce fut après m'avoir entendue lire celui de Sédaine, dans une des séances du Lycée des arts, qu'il me pria de faire aussi son éloge quand il ne serait plus. Quelques années après, M. Mentelle, membre de l'Institut et du Lycée des arts, m'ayant fait la même demande, je ne crus pas non plus devoir m'y refuser. Il avait alors près de 80 ans : il avait déjà remis au secrétaire perpétuel de l'Institut un cahier de notes sur sa vie et ses ouvrages, et je lui en demandai une copie, qu'il me donna. Il y avait joint une courte lettre qui m'était adressée. Quelque flatteuse qu'elle soit pour moi, je crois pouvoir la rappeler ici, non-seulement parce qu'elle est un honorable témoignage de son estime, mais parce qu'elle est aussi une preuve de l'extrême modestie qui est un des traits remarquables de son caractère. Voici cette lettre :

« Madame,

« Puisque vous daignez me faire espérer
« que, pour sauver mon nom de l'oubli, vous
« voudrez bien lire une notice sur ma personne
« et sur mes travaux dans une assemblée du

« Lycée des arts, je m'empresse de vous en-
« voyer la copie des notes que j'ai données à
« l'Institut. Dussiez-vous ne consacrer qu'un
« petit article à ma mémoire, on le recherchera,
« parce qu'il sera votre ouvrage, et on parlera
« de Mentelle, parce que vous en aurez parlé.

« J'ai l'honneur d'être, etc. »

Je trouvai dans ces notes des détails assez étendus sur ses ouvrages, et beaucoup plus sur sa jeunesse et sur les services que lui avaient rendus un grand nombre de personnes qu'il nommait, et pour qui il conservait une reconnaissance qu'il exprime de la manière la plus touchante.

Mentelle vécut encore jusqu'en 1815. M. Barbié du Bocage prononça un discours sur sa tombe, et son éloge fait, suivant l'usage, par le secrétaire de l'Institut (1) parut

(1) M. Dacier.

dans les mémoires de l'Académie, en 1819. Je fis alors cette notice, ou plutôt, comme on le verra, et comme il l'avait désiré, ce tableau de sa longue et studieuse carrière : en y rappelant le mérite et l'utilité de ses nombreux ouvrages, j'y rappelle aussi les obstacles qu'il a eus à vaincre avant de parvenir à se faire un nom. Guidée par ses notes, je le suis dans les diverses situations où le sort l'a placé, dans sa vie privée et sa vie savante qui se rattachent sans cesse l'une à l'autre; je cite même souvent ses propres expressions, et je crois enfin avoir donné dans ce simple récit de sa vie, une idée juste, non-seulement de son mérite comme savant, mais des qualités essentielles qui, comme homme de bien, lui avaient acquis l'estime et l'affection générales.

En faisant reparaître aujourd'hui cette notice, et en la réunissant aux éloges que j'ai faits de plusieurs contemporains du digne

Mentelle, j'y ai ajouté quelques fragments de ses notes qui achèveront de faire connaître et apprécier ce respectable savant.

NOTICE

SUR LA VIE ET LES OUVRAGES

DE MENTELLE.

Edme MENTELLE, géographe distingué, membre de l'Institut et de la Légion d'honneur, naquit à Paris, en 1730, de parents sans fortune. Sa mère, fille d'un imprimeur de Rennes (M. Poisson), ruiné par diverses circonstances, avait conservé de sa première éducation le goût de la lecture, et quelques hommes de lettres qu'elle avait eu occasion de connaître, avaient dirigé et cultivé en elle ces heureuses dispositions. Elle consacrait le peu d'instants dont elle pouvait disposer, à faire apprendre et réciter à ses enfants des vers de nos grands poëtes; à lire avec eux les ouvrages des historiens, des philosophes les plus renommés du temps, et le jeune Mentelle, quoique né dans un état obscur, reçut ainsi une éducation toute littéraire, et plus favorable au développement de ses facultés intellectuelles qu'elle n'eût pu l'être dans la situation la plus brillante.

Cependant son père, homme droit et laborieux, qui soutenait sa famille par son travail, et qui voulait assurer l'avenir de son fils, désirait qu'il embrassât une profession utile; sa mère elle-même en sentait la nécessité; il fut mis en apprentissage, et, de ce moment, il n'eut plus que le dimanche à donner à ses études favorites; aussi, avec quelle impatience il attendait ce jour! Les promenades, les distractions, les plaisirs de son âge, tout disparaissait pour lui devant le bonheur d'occuper et d'éclairer son esprit par la lecture de ces ouvrages qu'il avait lus tant de fois, mais que son jugement déjà formé lui faisait sans cesse apprécier et admirer davantage.

Plusieurs années qui s'écoulèrent ainsi augmentèrent encore en lui le désir ou plutôt le besoin de s'instruire, et il savait toujours s'en procurer les moyens; car quelle que soit la situation dans laquelle on se trouve, il est rare que l'on n'arrive pas au but que l'on a sans cesse devant les yeux. Sans doute même il eût pu espérer, dès lors, d'entrer dans la carrière qu'il a parcourue depuis avec tant de succès; mais il n'avait point fait ses études; il avait tenté inutilement d'apprendre seul le latin, qui, à cette époque plus encore qu'aujourd'hui, était considéré comme la base nécessaire de toute instruction, et, âgé déjà de près de 15 ans, cet obstacle, qu'il croyait insurmontable, était pour lui un chagrin de chaque instant, lorsqu'une de ces petites circonstances qui passent inaperçues pour l'homme heureux, mais que celui qui désire vivement une chose saisit avec avidité, vint tout à coup changer sa position et décider de tout son avenir.

Une jeune personne malade, sans parents, sans fortune, avait été, à la demande d'une amie, recueillie et soignée par sa mère. Plus tard, placée près d'une femme peintre, mademoiselle Basseporte, célèbre par son talent et, aussi, par les services qu'elle se plaisait à rendre à la jeunesse studieuse, elle s'empressa de lui recommander et de lui faire connaître le jeune Mentelle, et cette généreuse personne, frappée de ses brillantes dispositions, et du regret qu'il témoignait de ne pouvoir faire ses études, s'intéressa tellement à son sort que, comme on va le voir, c'est à elle qu'il a dû tout ce qu'il a été depuis.

Mais avant d'aller plus loin, le devoir que je me suis imposé de tout temps de mettre en évidence le mérite des femmes, me fera entrer ici dans quelques détails sur mademoiselle Basseporte. Née dans une condition bourgeoise, elle était parvenue à se faire un nom par cet amour du travail, cette persévérance qui est la première condition du talent, quel qu'il soit. Passionnée pour son art, *dure à elle-même et aux autres* (dit Mentelle dans ses notes), on l'avait vue, dans les hivers les plus rigoureux, travailler sans relâche pendant des jours entiers dans les galeries de l'hôtel de Soubise et du Palais-Royal. Aussi, quoique le genre de peinture qu'elle avait adopté fût à cette époque fort loin de ce qu'il est devenu depuis, elle s'y distingua tellement qu'elle fut nommée peintre de fleurs au Jardin du roi, et que les nombreux ouvrages dont elle a enrichi ce bel établissement font encore aujourd'hui partie de ceux que l'on y conserve. Les savants, les hommes célèbres qui, comme elle, y étaient attachés, recherchaient avec empressement sa société. On y voyait Buffon, Jussieu, le comte de Caylus, Carles Vanloo, Boucher et beaucoup d'autres non moins renommés, et elle ne cessait d'employer l'influence qu'elle pouvait avoir sur eux, à obliger les jeunes gens en qui elle reconnaissait des dispositions pour les lettres, les arts ou les sciences.

Telle était donc la protectrice que le hasard avait donnée au jeune Mentelle. Bientôt, à sa recommandation, plusieurs professeurs distingués consentirent à lui donner des leçons, et, une bourse étant venue à vaquer au collége de Beauvais, elle parvint à la lui faire obtenir; ce qui le remplit de joie et en même temps de trouble; car il devait être examiné sur ses études, dans lesquelles il n'avait pu faire encore que peu de progrès. M. Crévier, professeur émérite de l'Université, s'était chargé de cet examen, et la crainte de ne pas bien répondre, la seule pensée d'être interrogé par un professeur si célèbre, l'agitaient tellement, qu'elles faillirent lui faire perdre en un instant le fruit de tant d'efforts.

On lira, je crois, avec intérêt le récit qu'il fait de cette circonstance de sa jeunesse :

« A l'heure indiquée, dit-il, un dimanche au soir,
« je me rendis chez M. Crévier, mon *Sulpice Sévère*
« en main. Je tremblais de tous mes membres : moi !
« parler, expliquer du latin devant un vieux profes-
« seur dont je me rappelais très-bien avoir lu le nom
« sur l'affiche qui annonçait à la porte de la veuve
« Étienne : *Histoire romaine de M. Rollin conti-*
« *nuée par M. Crévier*. J'étais si troublé, qu'en en-
« trant dans la salle où il était, je pouvais à peine
« distinguer ses traits. Aussi, après avoir dit assez

« bien mes premières phrases, m'égarant tout à coup
« de peur, je traduisis *Præfectus* comme s'il y eût
« eu *Profectus*. Ce n'est pas cela, me dit avec bonté,
« mais avec un visage naturellement sévère, mon
« grave examinateur : alors me voilà tout tremblant,
« les larmes remplissent mes yeux; bientôt elles coulent
« en abondance, et il ne m'est plus possible de parler.
« Le bon Crévier me rassure, et, enfin, il parvient à
« apprendre de moi que je prévoyais qu'il ne pouvait
« rendre de mon examen qu'un compte défavorable.
« *Et pourquoi?* me dit-il, *la méprise que vous avez*
« *faite m'a montré le peu que vous savez; mais vos*
« *larmes m'annoncent ce que vous avez envie de*
« *faire; soyez tranquille.*» En effet, huit jours après,
M. Crévier avait tellement disposé les esprits en sa
faveur, que son admission eut lieu sans difficulté.

De ce moment, il avança rapidement dans ses études; il réussit particulièrement dans celles qui se rattachent à l'histoire et à la géographie. Dès qu'elles furent terminées, toujours recommandé par sa protectrice, il fit son droit, et après plusieurs années d'un travail continuel, d'écolier il devint maître; il donna des leçons, et il parvint enfin à se suffire à lui-même, et à acquérir cette indépendance sans laquelle le plus grand génie même ne pourrait s'élever au delà de la médiocrité.

Cependant, un goût que sa première éducation avait développé en lui, vint un instant l'arrêter dans sa carrière : le goût de la poésie, de cette poésie légère qui était alors en vogue dans la société. Il fit des vers, des chansons, et même de petites pièces dont une obtint quelques représentations; il imita aussi de l'allemand un poëme intitulé : *Raton aux enfers ;* mais ces essais, reçus d'abord avec bienveillance, n'ayant pas eu tout le succès qu'il en espérait, il sentit qu'il ne pourrait se faire un nom dans ce genre de littérature, il se décida à y renoncer, et il reprit avec plus de zèle encore ses travaux scientifiques. « Je ne sais, dit-il avec sa modestie ordinaire, « quel bon génie, quel ascendant de ma conscience « me fit sentir que je n'étais pas né poëte; en des- « cendant en moi-même, je trouve que ce fut le désir

« d'obtenir l'approbation publique. Je sentais que je
« ne pouvais être célèbre, je voulais être estimé; je
« ne fis donc des vers qu'accidentellement, et pour
« l'agrément de la société, et je m'en suis bien trouvé. »

Un nouveau hasard le favorisa. Un homme de mérite, M. Pesselier, qui occupait un haut emploi dans les finances, lui donna une place dans ses bureaux, et il le chargea de faire des tableaux raisonnés qui lui firent naître l'idée du *Tableau synoptique* que l'on trouve dans ses *Éléments de l'histoire romaine*, dont il s'occupait déjà. Il entreprit aussi un ouvrage qui était le développement d'une carte chronologique que venait de publier Barbeu du Bourg, et il fit paraître ensuite (en 1758) un volume intitulé : *Éléments de géographie*. Enfin il commençait à se faire connaître, lorsqu'un ami de mademoiselle Basseporte, M. d'Aubigny, ayant été nommé directeur de l'École militaire, elle saisit cette occasion pour lui recommander son protégé dont il connaissait déjà les ouvrages, et qu'à sa demande il nomma professeur d'histoire et de géographie à l'École militaire.

Ce grand service fut le plus important de tous ceux que lui rendit cette digne personne; et il décida de son sort; aussi la reconnaissance qu'il en conservait ne peut-elle être exprimée. « Je dois à made-
« moiselle Basseporte, dit-il dans ses notes, le bon-
« heur de ma vie; j'en recommande le souvenir et la
« vénération à mon fils, à ses enfants, et aux enfants
« de ses enfants (1). »

Parvenu au plus haut point où il pût espérer d'atteindre, Mentelle se distingua d'abord en adoptant dans ses cours un mode d'enseignement qui était le fruit de ses réflexions. La simple étude de la géographie, qui jusque-là n'avait été qu'une sorte de nomenclature, lui ayant paru avec raison charger la mémoire sans intéresser l'esprit, il s'appliqua à la rattacher aux événements historiques en général, et à en faire à la fois une science physique et une science morale. Après avoir établi ses cours sur cette base, il en développa les principes dans un *Manuel géo-*

(1) Mademoiselle Basseporte, née à Paris en 1701, mourut en 1780. Elle avait été nommée peintre au Jardin du roi, en 1732 : ce fut Van Spaendonck qui lui succéda.

graphique, qu'il publia en 1761, et, plus tard, il en fit l'application dans ses *Éléments de l'histoire romaine*, qui sont un de ses ouvrages les plus essentiels. La politique, le gouvernement, la religion même, tout y vient à l'appui de l'étude géographique, et cette méthode, nouvelle alors, commença à placer Mentelle au nombre des savants, et principalement de ceux qui consacrent leur talent à l'instruction de la jeunesse.

Bientôt, accueilli par les professeurs attachés comme lui à l'École militaire, sûr de son avenir, il voulut aussi assurer son bonheur intérieur. Il épousa mademoiselle Vincent, fille de l'un de ces professeurs, élève de Clementi, et grande musicienne, et cette réunion de la science et du talent, à laquelle l'amabilité naturelle de Mentelle, ses connaissances variées, son goût pour les lettres, ajoutaient sans cesse un nouvel intérêt, attira chez lui un grand nombre de savants, de littérateurs, de personnes de mérite en tout genre, et acheva de fixer honorablement sa position.

Ce fut alors qu'il se lia avec le célèbre géomètre

la Place, qui devint son ami; avec Lagrange, avec Monge. Il connut aussi d'Anville, dont le mérite supérieur lui inspirait une véritable admiration; mais, fidèle au plan qu'il avait adopté, il ne profitait des grandes pensées et des découvertes des plus illustres géographes, que pour les développer dans ses leçons, et, par là, les mettre mieux à la portée de ses jeunes élèves, à l'instruction desquels il se dévouait entièrement. Aussi, tous avaient-ils pour lui autant de respect que d'affection, et plusieurs sont-ils aujourd'hui au nombre de nos savants les plus distingués.

Travaillant sans relâche, levé avant le jour, ne perdant pas un seul des moments qu'il pouvait employer, Mentelle publia successivement plusieurs ouvrages; entre autres, une *Géographie abrégée de la Grèce ancienne*, et un *Traité de la Sphère*, remarquable surtout par la manière claire et précise dont il y établit les principes de la cosmographie. Il les étendit plus tard dans son *Traité de Cosmographie*, travail immense qui, par les recherches qu'il exigeait, le força à se livrer à l'étude de quelques langues, et le mit en relation avec presque tous les savants de l'Europe. C'est à cette occasion qu'il fut nommé membre de l'Académie historique de Madrid.

Vers le même temps, il fit paraître un ouvrage plus important encore, sa *Géographie comparée*, qui est le meilleur et le plus utile de tous ceux qu'il a faits, et qui eut plusieurs éditions. Il y éclaircit les points les plus obscurs de cette science par une méthode nouvelle et une analyse continuelle, et il sait y attacher de l'intérêt aux circonstances, aux événements qui en paraissent le moins susceptibles, genre de mérite qui était particulièrement le sien, et que l'on retrouve dans tous ses écrits (1).

Tant de succès lui valurent une distinction qui le flatta plus encore que toutes celles qu'il avait obtenues jusque-là. Il avait publié déjà le *Dictionnaire de la Géographie moderne*; il fut chargé de faire, pour l'Encyclopédie méthodique, celui de la *Géogra-*

(1) Le plan de cet ouvrage est si vaste que, quoique Mentelle en ait publié 7 volumes, il est encore resté incomplet.

phie ancienne; ouvrage considérable qui parut aussi séparément, et qui associa son nom à celui des savants, des littérateurs, des hommes célèbres de cette époque, qui tous concoururent à cette grande entreprise.

Mais un travail d'un autre genre l'occupait depuis longtemps : il avait conçu l'idée d'un globe qui facilitait à la fois l'étude de la géographie et les développements historiques qui, comme on l'a vu, étaient la base principale de ses leçons. Le plan de ce globe, qui avait obtenu l'approbation de plusieurs savants, fut mis sous les yeux de Louis XVI qui l'accueillit; il en ordonna l'exécution, et il fut décidé qu'il serait adopté pour les études géographiques du dauphin. Mais le jeune prince étant mort peu après (le 4 juin 1789), Mentelle demanda et obtint l'autorisation de déposer son globe dans une des salles du Louvre, et d'y donner des cours publics, ce qui eut lieu, et ce qui mit, en quelque sorte, le sceau à sa réputation.

Je crois devoir faire ici une courte description de

ce globe. Il offrait dans une très-grande dimension la forme matérielle de la terre : les continents, les rochers, les îles, sommets d'immenses montagnes qui partent du fond de la mer, s'y voyaient en relief; et quand l'habile professeur en avait donné une idée générale, chaque pays, représenté par des compartiments séparés, était adapté par lui sur le globe, et devenait le sujet de nouvelles leçons. Il les commençait par les événements historiques qui avaient amené les divisions de la géographie ancienne, et il arrivait, en suivant la même marche, jusqu'à la géographie de notre temps, qu'il démontrait par de nouveaux compartiments. Ce globe, recouvert ainsi partiellement à chaque leçon, finissait par l'être tout entier, et ces explications simples et graduelles, dont le savoir et l'élocution facile de Mentelle augmentaient encore l'intérêt, attachaient tellement les auditeurs, qu'il était impossible de sortir de ses cours sans avoir une idée juste de ce qu'il avait voulu y décrire.

Le savant géographe recueillait enfin le fruit de

ses travaux; il avait été nommé censeur royal; il recevait une pension de l'École militaire; il en avait une autre sur le Journal encyclopédique, dont il était un des rédacteurs, et, déjà avancé en âge, il croyait son avenir assuré, quand la révolution qui éclata lui fit perdre, en un instant, ce qu'il avait acquis avec tant de peine. Mais dans ces temps dont on parle aujourd'hui si diversement, et dont ceux qui ne les ont pas vus ne peuvent avoir une idée juste, le mérite était le plus beau de tous les titres. Dès que les premiers troubles furent apaisés, on s'occupa des gloires littéraires et savantes de la France, qui étaient une des grandes pensées dont les esprits étaient alors remplis; le Louvre devint un dépôt des monuments des arts et des sciences; un grand nombre de logements qui y avaient été donnés à des familles protégées par la cour, ou qui y étaient attachées, furent destinés à des hommes de lettres, des savants, des artistes célèbres, et Mentelle, non-seulement obtint un de ces logements, mais la salle dans laquelle avait été déposé son globe lui fut laissée, et il put y continuer ses cours dont la nouvelle division géographique de la France, qui fixait alors l'attention, augmentait encore l'intérêt, et qui attiraient toujours un grand nombre d'auditeurs.

Les malheurs qui succédèrent à ces premiers temps de la révolution ne changèrent rien à sa situation. Il eut la douleur de perdre plusieurs de ses amis, entre autres, Brissot de Warville, le ministre Roland et sa célèbre femme, dont le calme et l'admirable courage ne se démentirent pas même à son dernier moment. Sa sensibilité, que l'âge semblait augmenter, lui fit aussi recueillir chez lui quelques proscrits dans des moments où sa vie pouvait être le prix de ce généreux dévouement; mais, connu par son zèle pour l'instruction de la jeunesse, par ses nombreux ouvrages, exempt aussi de toute ambition, il put échapper aux dangers qui l'environnaient, et voir arriver la fin de ces temps désastreux, sans avoir eu réellement à craindre pour lui ni pour les siens.

Lorsque enfin le calme fut rétabli, on organisa l'instruction publique; Mentelle, qui déjà était de la commission des monuments, fut nommé professeur à l'École normale, et ensuite aux Écoles centrales; et, lorsqu'on créa l'Institut, il y fut appelé un des premiers. « J'eus l'honneur, dit-il dans ses notes, d'être « un des 48 membres qui formèrent le noyau de ce « corps célèbre. »

Depuis ce moment, il ne songea plus qu'à s'acquérir de nouveaux droits à l'estime publique. Il revit successivement ses anciens ouvrages; il les étendit, les perfectionna; il en fit de nouvelles éditions, et y rectifia quelques inexactitudes qu'on lui avait reprochées. Il lut souvent à l'Institut, et dans les Lycées dont il était membre, des rapports, des mémoires qui paraissaient dans les recueils du temps. Il s'associa aussi aux travaux de plusieurs de ses collègues, et fit, avec Malte-Brun, une *Géographie universelle* qui eut plusieurs éditions. Enfin, à ces nombreux ouvrages, ce savant infatigable fit succéder, dans l'espace de quelques années, des *Précis de l'histoire de différents peuples*, et un *Cours complet de cosmographie et d'histoire*, qui est, en quelque sorte, le résumé ou plutôt le dépôt de toutes les lumières que lui avaient fait acquérir ses longues études (1). Mais ce qui couronna sa vie savante fut un *Atlas universel*, ouvrage immense qui, toujours nécessaire, sans cesse consulté, devient, pour un géographe, le monument le plus durable auquel il puisse attacher son nom, et qui acheva tellement de faire connaître celui de Mentelle, qu'il était difficile de parler de géographie sans qu'il se présentât à l'instant à la pensée (2).

Une circonstance particulière rend encore sa situation plus honorable. Je ne puis résister au désir d'en donner ici les détails. L'empereur, alors le général

(1) Le dernier volume de cet ouvrage, qui contient la Géographie historique, physique, statistique et topographique de la France, avait paru séparément. M. Depping, littérateur distingué, en a fait en 1821 une nouvelle édition revue et augmentée.

(2) Le travail qu'exigeait cet atlas avait engagé Mentelle à s'associer M. Chanlaire, homme de mérite et fort instruit, avec qui il avait déjà publié un *Atlas des études* et un *des commençants*. L'*Atlas universel* parut aussi sous les noms de Mentelle et Chanlaire.

Bonaparte, qui, après ses campagnes d'Italie, se plaisait, comme on le sait, à assister aux leçons de plusieurs professeurs célèbres, voulut que son frère Louis suivît les cours de Mentelle. Joseph Bonaparte l'engagea aussi à diriger les études géographiques de ses enfants; et bientôt son heureux caractère, sa conversation aussi aimable qu'instructive, le firent accueillir amicalement par la famille pour laquelle il faisait des cours particuliers. Le général même vint un jour chez lui pour voir son globe, qu'il ne connaissait pas encore, et dont il apprécia à l'instant tous les avantages. « Après une courte séance, dit Mentelle, me « voyant me disposer à le reconduire, l'illustre géné- « ral, qui venait alors d'être reçu de l'Institut, m'arrêta « et me dit : Restez donc, on ne fait pas de façons avec « ses collègues. » Paroles bien peu importantes, sans doute, mais qui, prononcées par celui qui ne disait rien au hasard, et qui devait devenir l'arbitre des destinées de la France, et on peut dire de l'Europe, peuvent aussi faire faire quelques réflexions à l'observateur.

L'éclat qui, plus tard, environna cette famille, ne changea rien à ses dispositions pour Mentelle, et on peut dire à l'affection qu'elle lui portait. Elle en donna une preuve qui mérite d'être rapportée. A l'âge de 75 ans, une maladie, suite de ses longues études (1), ayant nécessité une opération dangereuse, Joseph Bonaparte (alors le prince Joseph), pensant que sa fortune, qu'il avait négligée de tout temps, pouvait dans ce moment lui causer quelque inquiétude, s'empressa de lui annoncer que, pour s'acquitter envers lui des soins qu'il avait pris de l'instruction de ses enfants (soins auxquels il avait, en effet, refusé constamment de mettre un prix), il lui faisait une pension de 1500 fr., dont il lui envoyait la première année d'avance. Son frère Louis fit la même chose, et avec la même délicatesse. « Je fus si vivement « touché, dit Mentelle, de ces honorables preuves « d'estime que l'on m'apprit avec les ménagements « qu'exigeaient ma situation, qu'elles ne contribuè- « rent pas peu à me conserver la vie. »

(1) La pierre.

On ne peut s'empêcher de faire ici une réflexion, c'est que les hommes qui arrivent à une haute position, après avoir éprouvé les vicissitudes humaines, les comprennent mieux, et, en général, savent mieux les adoucir que ceux qui, nés dans un rang élevé, ne les ont pas connues par eux-mêmes.

Mentelle, dès qu'il fut rétabli, reprit ses habitudes de travail, besoin de toute sa vie, et il publia encore quelques ouvrages, entre autres, sa *Géographie classique élémentaire*, qui parut en 1813, et qui est fort estimée (1).

(1) Voici la dédicace de cet ouvrage :

« AUX ÉLÈVES STUDIEUX.

« C'est à vous, intéressante jeunesse, que j'offre le dernier
« travail d'un homme qui, pendant une longue carrière, a fait
« son bonheur de contribuer à votre instruction. Puisse cet
« ouvrage lui donner un nouveau titre à votre souvenir et à
« votre estime ! »

L'instruction de la jeunesse fut, comme on le voit, l'idée dominante de toute la vie de Mentelle. Il a fait, uniquement dans ce but, un assez grand nombre de méthodes,

Les grands événements qui bientôt se succédèrent, et qui bouleversèrent de nouveau tant d'existences, n'eurent que peu d'influence sur la sienne. L'homme qui s'est rendu utile, et qui ne doit sa renommée qu'à lui seul, a, dans tous les temps, sous tous les pouvoirs, les mêmes droits à l'estime publique. Mentelle resta sous la restauration ce qu'il était avant, et il reçut même en 1814 la croix de la Légion d'honneur, qui fut sa dernière satisfaction de ce genre. Quelques années avant, il avait eu la douleur de perdre sa femme, non moins distinguée par ses qualités aimables et essentielles que par ses talents. Il l'avait vivement regrettée ; mais le besoin qu'un vieillard a de ces soins que rien ne peut remplacer, l'avait décidé à se remarier, et, heureux de nouveau dans son intérieur, entouré de véritables amis, il vit, à l'âge de 85 ans,

d'atlas de différents pays, de tableaux géographiques dont je n'ai point parlé, parce que lui-même n'y attachait que peu d'importance. On trouvera dans les biographies quelques détails sur ces petits ouvrages, et aussi une liste de tous ceux qu'il a publiés.

arriver la fin de sa longue et honorable carrière avec cette résignation courageuse que donne la véritable philosophie, et ce calme, cette paix de l'âme que l'homme de bien peut seul conserver jusqu'à son dernier moment (1).

(1) J'ai dit dans une note (tome I, page 299) que c'est la fin toute philosophique de Mentelle que j'ai voulu peindre dans les derniers vers de mon *Discours sur l'étude*. Je crois devoir rappeler ici ces vers.

Après avoir fait un tableau rapide du bonheur que procure l'étude dans toutes les situations de la vie, j'ajoute

> Elle nous donne enfin à notre heure dernière,
> Cette solide paix, fille de la lumière.
> Le sage, l'homme instruit a tout jugé, tout vu;
> Il reçoit sans se plaindre un coup qu'il a prévu :
> Il sait que tout finit, qu'il doit rendre à la terre
> D'un être passager l'éternelle poussière;
> Que des hommes les jours, les destins sont bornés,
> Qu'ils marchent vers l'oubli dès l'instant qu'ils sont nés.
> Mais pressé de jouir du temps qui l'abandonne,
> Des charmes de l'étude encore il s'environne,
> Il jette encor sur tout un œil observateur,
> Et son dernier regard est son dernier bonheur.

Telle fut la vie du digne Mentelle. Les journaux qui annoncèrent sa mort, les notices, les articles biographiques que depuis on a publiés sur lui, rendent une entière justice à l'étendue de ses connaissances, à l'utilité de ses travaux, et à cet esprit droit et naturellement éclairé qui, même dans sa vieillesse, faisaient encore rechercher sa société. Mais, il faut le dire, tous ne lui assignent pas la même place comme savant. Quel que soit le mérite de l'homme qui se dévoue à l'instruction de la jeunesse, qui consacre son temps, sa vie à analyser, à développer les principes d'une science et les découvertes qui y ont été faites, celui qui, pénétrant plus avant dans ses secrets, y acquiert de nouvelles lumières, paraît, aux yeux de beaucoup de personnes, avoir plus de droits à la célébrité; mais l'opinion publique, toujours équitable, répare cette espèce d'injustice; elle n'attache pas moins de prix aux succès modestes du savant utile qu'à ceux du savant que l'on pourrait nommer créateur, et si leur renommée est différente, elle est également honorable. Mentelle est d'ailleurs le premier qui, comme je l'ai dit, a eu l'heureuse idée de donner pour base à l'étude de la géographie, les grands événements qui, de tout temps, ont agité le monde, d'en faire une science en quelque sorte historique, et, sous ce rapport, comme sous celui de ses nombreux ouvrages, son nom est, et restera placé près de ceux de nos géographes les plus distingués.

NOTES
EXTRAITES D'UN MANUSCRIT
DE
M. MENTELLE.

NOTES

EXTRAITES D'UN MANUSCRIT

DE

M. MENTELLE.

« Ces notes pourront être utiles après ma mort, si, comme il est d'usage, le secrétaire de ma classe veut dire quelques mots de moi dans une des séances publiques de l'Institut.

« Je n'aurais pas pris cette précaution, que l'on pourrait attribuer à de la vanité, si je n'avais craint que l'on n'oubliât de parler, avec les éloges qu'elles méritent, de quelques personnes auxquelles j'ai dû le bonheur d'entrer dans la carrière que j'ai parcourue, et de celles dont la bienveillance m'a depuis été si utile.

« Ma position isolée me fit sentir de bonne heure le besoin d'être aimé. J'avais, d'ailleurs, une grande disposition à l'attachement et à la reconnaissance. Ces dispositions mûries par l'âge, et cultivées par la réflexion, ont fait le bonheur de la plus grande partie de ma vie.

« Je me rappelle que le troisième ou quatrième jour de mon opération de la pierre, un des deux élèves en chirurgie qui me gardaient, voyant qu'un très-grand nombre de personnes venaient demander de mes nouvelles, me demanda comment je faisais pour être tant aimé. Je lui répondis par ce passage d'Ovide : *Ut ameris, amabilis esto.*

« J'ai toujours été persuadé que pour être heureux il faut être content des autres et de soi; content des autres, cela paraît d'abord un peu difficile; oui, si l'on en attend beaucoup. Quant à moi, voyant que tous les hommes sont mus par l'intérêt, et pouvant peu, je n'attendais rien. N'espérant pas plier les autres à mes volontés, à mes penchants, je me résignai de bonne heure à me rendre le maître de mon esprit, de mon âme, de mon caractère, et je trouvai, dans mille occasions, que cela était infiniment plus aisé, plus doux et par conséquent plus utile.

« Le principe de ma conduite a été de tout temps, non pas d'être aimable par la réunion des qualités brillantes qui font rechercher un homme dans la société : je n'avais pas cette prétention ; elle surpassait mes moyens : mais d'être admis, et surtout d'être aimé. Pour y parvenir, je me proposai de n'avoir aucun défaut qui pût nuire ou blesser. Cette perfection relative supplée à la perfection absolue, si rare, je dirai presque si pénible pour celui qui passerait sa vie à la vouloir atteindre.

« M. Pluche venait de publier sa Mécanique des langues; il y parlait d'un rudiment fait sur un plan nouveau, et conforme à la méthode qu'il avait adoptée d'enseigner le latin par la traduction, en abandonnant la méthode des thèmes. J'avais alors près de quinze ans. Persuadé qu'à l'aide de ce rudiment je pourrais parvenir à étudier aisément la langue latine, j'allai chez l'auteur, M. Chompré, et lui demandai de me vendre son livre. Les larmes me vinrent aux yeux lorsqu'il m'eut dit qu'il ne le vendait pas. Mais bientôt cet homme respectable me pria de l'accepter, ce qui me pénétra de reconnaissance.

« Si jamais ce papier est lu avec quelque intérêt, on y trouvera la première cause de ce penchant que j'ai toujours éprouvé, et que quelques personnes m'ont connu, à rendre tous les services qui dépendaient de moi; c'est que l'on m'en a toujours rendu; c'est que j'ai dû le peu d'existence dont j'ai joui à la bienveillance et à l'amitié. Je regrette de n'avoir pas de plus grands titres à la reconnaissance de la société, afin d'en reporter une partie sur ceux qui m'ont procuré les moyens de me rendre digne de son estime.

« Que mes enfants ne prononcent leur nom qu'avec respect, et qu'ils n'oublient jamais que sans ces dignes amis, leur père aurait végété sans distinction, dans l'obscurité et l'infortune, et que, par conséquent, il eût cru ne pas exister (1).

« J'ai dit que j'étais né avec une légère disposition à faire des vers. Heureusement pour moi les conseils de mes professeurs, ceux de mademoiselle Basseporte et surtout la justice que de tout temps je me suis rendue à moi-même, m'éloignè-

---

(1) De plusieurs enfants qu'a eus Mentelle, il ne lui est resté qu'un fils qui, après avoir fait quelques voyages, s'est établi aux États-Unis, près de Lexington.

rent de ce goût frivole pour lequel je n'avais que des dispositions du quatrième ou du cinquième ordre; et au lieu de faire de petites pièces de théâtre qui eussent été médiocres, si j'en juge par quelques tentatives, je m'occupai d'études plus raisonnées.

« Je nuirais peut-être à ma réputation, si je voulais parler de tous les petits ouvrages que je fis avant et pendant la révolution, soit comme tableaux géographiques, soit comme petites méthodes, lors de la division de la France en départements; mais ils rendaient les études plus faciles, ils y introduisaient l'analyse, ce qui a été le but constant de tous mes efforts, et ils ne m'empêchaient pas de me livrer à des travaux plus importants.

« J'ai eu dans tous mes ouvrages, quels qu'ils fussent, la conscience de ce que je faisais, c'est-à-dire que j'ai toujours fait le mieux possible. Je n'ai pas prétendu reculer les bornes de la science, et on me l'a souvent reproché; mais je n'en avais ni le loisir, ni même l'intention.

« Le désir de faciliter aux jeunes élèves, et même aux gens du monde, la connaissance des causes physiques du mouvement des astres, de leur irrégularité ; la cause des marées, etc., me fit naître l'idée de ma cosmographie élémentaire ; mais je ne tardai pas à m'apercevoir que les mathématiques seules pouvaient me faire arriver au résultat que je voulais obtenir, et non-seulement je ne les savais pas, mais je n'y étais pas porté par mes dispositions particulières. Or, j'avais la ressource de mon frère Simon, que son mérite comme mathématicien a depuis placé dans une situation si honorable (1). J'eus donc recours à ce bon frère ; il m'expliqua, dans l'Astronomie de l'abbé de Lacaille et dans celle de M. de Lalande, tout ce que j'avais besoin d'en savoir, et plus tard je me décidai à m'adresser à M. de la Place qui était un de mes amis. Il goûta mon projet. Je traçai le plan de mon ouvrage sur la partie astronomique : je posais sur chaque point essentiel mes différentes questions, et je les proposais à M. de la Place, dont les solutions lumineuses et exactes recevaient encore de moi, indigne, de petites corrections, ou plutôt des éclaircissements, lorsque le géomètre ne se cachait pas assez sous le voile du simple narrateur. Je ne puis rendre trop

---

(1) On trouve dans les biographies, à la suite de l'article de Mentelle, celui de son frère Simon Mentelle, ingénieur géographe et chevalier de Saint-Louis. Il est mort en 1780.

de justice au zèle que ce célèbre géomètre mit à ce travail ; sans doute aussi il lui plaisait ; car je crois que ce fut cette légère circonstance qui le détermina à reprendre le même sujet d'une manière plus savante dans un de ses ouvrages. C'était un géant que, pour un instant, j'avais envelopppé de langes.

« L'empereur, étant premier consul, m'avait chargé de diriger la construction d'un globe terrestre ; j'en avais confié l'exécution à l'ingénieur Poirson. Ce travail vient enfin d'être terminé (en 1811), il a été vu par plusieurs savants, entre autres par les conseillers d'État membres de la section militaire, et il est généralement approuvé.

Je placerai ici, à ce sujet, un mot de M. Daru, l'homme du monde le plus spirituel et le plus affable. Je lui parlais du désir qu'avait M. Poirson d'être autorisé à faire graver et à publier des copies de ce globe, dont on pourrait revêtir ceux de Coronelli qui ont la même dimension, et j'ajoutais que je le priais de *protéger* ce projet près de l'empereur. « Je ne *protége* pas, me dit-il d'un air simple et riant, *mais je sers.* » M. Poirson reçut en effet, peu de temps après, l'autorisation demandée, et de plus, trois mille francs que l'empereur lui accordait pour l'exécution de son projet (1). »

« M. Dacier, secrétaire de notre classe, a dit dans son *Rapport historique sur les progrès de l'histoire et de la littérature ancienne*, page 182 :

« M. Mentelle a très-peu puisé dans les sources pour la
« composition de son Dictionnaire de géographie ancienne qui
« fait partie de l'Encyclopédie méthodique; mais il *traduit et*
« *copie fidèlement Ortélius d'Anville*, et quelques autres mo-
« dernes, etc. »

« Cette assertion est fausse; car j'ai consulté les auteurs anciens et traduit ce qui m'a été nécessaire dans Strabon, Diodore, etc. J'atteste sur mon honneur que je n'ai rien pris dans Ortélius. Je n'en dirai pas plus; car je consacre cet écrit, non à faire connaître ceux dont j'ai eu à me plaindre, mais à présenter à l'estime publique ceux qui m'ont obligé.

« Quoique personne n'ait, je crois, porté l'indulgence plus loin que moi, j'ai détesté les méchants et quelquefois je les ai bravés, surtout dans ma jeunesse. — Je ne suis pas né avec

---

(1) Ce globe, qui a trois pieds de diamètre, se trouve aujourd'hui dans les dépôts du mobilier de la couronne.

cette bravoure du militaire qui voit le danger sans effroi ; mais je n'ai jamais pu supporter tranquillement l'audace, le défi, ni même la moindre parole dite dans le dessein de nuire à moi ou aux autres.

« Je mets au nombre des satisfactions de ma vie celle d'avoir été admis dans l'intimité de la famille de Joseph Bonaparte. Je le dirai sans crainte d'être taxé d'exagération, je n'ai jamais connu d'intérieur de maison où l'on rencontrât plus de ce qu'on appelle vertus domestiques, plus d'union, plus d'amitié vive entre les frères et sœurs, et plus de sensibilité à l'attachement qu'on leur montrait. M. Sommis, oncle de M. Joseph, semblait réunir en lui toutes les qualités de la famille, et le cardinal Fesch n'avait pas moins de simplicité et de cordialité. Mais j'aurais dû parler avant tout de Madame Bonaparte la mère, femme d'un grand et beau caractère : je lui ai entendu raconter comment, avec ses jeunes enfants, elle s'était enfuie d'Ajaccio. Je ne pouvais qu'admirer son courage et sa présence d'esprit. On voit qu'elle a en elle le germe de toutes les grandes qualités de son fils.

« L'empereur, lorsqu'il n'était que le général Bonaparte, me paraissait déjà un homme extraordinaire : mon admiration et ma reconnaissance pour lui étaient sans bornes. Je le regardais comme le sauveur de ma patrie. — Il n'a eu contre lui, à mes yeux, que de vouloir être empereur. J'ignore quelles raisons politiques l'ont fait aspirer à ce titre; mais je sais qu'en général l'histoire nous montre sous un jour plus favorable les hommes qui se sont sentis au-dessus des titres les plus élevés. En ne conservant que celui de consul, il n'en était pas moins grand; au lieu qu'en prenant le titre d'empereur, surtout dans la disposition où était alors la France, il abaissait tous les Français, et mettait à ses pieds ceux qui s'applaudissaient de le voir à leur tête.

« J'ai connu particulièrement l'estimable, le vertueux Brissot de Warville qui avait épousé la fille d'un de mes amis (M. Dupont). Il a été bien mal jugé, ou plutôt odieusement calomnié quand on l'a cru poussé par l'ambition. C'est, au contraire, l'ambition et la jalousie de celui qui tyrannisait alors la France qui l'ont perdu : il n'a eu contre lui qu'une tête trop ardente et le fanatisme de la liberté; il eût consenti à vivre dans une chaumière, parce que c'eût été un état démocratique. C'était, d'ailleurs, la vertu même, et l'homme le plus pénétré du désir de faire le bien.

« Puisse cette justice que je lui rends, parce qu'elle lui est due, avoir quelque influence sur ce que diront de lui les historiens du temps !

« Je prévois bien qu'entre les bonnes et mauvaises qualités que l'on citera de moi, on ne pourra refuser place à ce qu'on appelle *l'incrédulité*. Je ne m'en défends pas ; seulement, je veux dire ce que je comprends par *l'incrédulité*.

« Je sais bien quelles sont les trois premières vertus prescrites au chrétien, et indispensables pour son salut ; ce sont : la Foi, l'Espérance et la Charité.

« Cette dernière me pénètre de vénération, et devrait être regardée comme la première de toutes. Quant aux deux autres, voici ce que j'en pense :

« La Foi est un tyran despote qui enchaîne la raison en l'aveuglant.

« L'Espérance est une inconséquente qui nous fait attendre et ne peut rien nous donner.

« J'ai reconnu dans l'une et dans l'autre la main de l'homme leur créateur, intéressé à faire espérer pour avoir le droit de faire croire.

« C'est à la lueur de ce flambeau, qui me paraît être celui de la vérité, que je suis remonté à l'origine des sociétés et des religions dont l'histoire a fait la plus importante partie de mes études. Je savais bien qu'il est plus aisé de conduire les hommes par l'opinion que de les contenir par la force. Aussi est-ce partout ce que les premiers législateurs ont fait.

« Je ne poursuivrai pas cet examen qui a déjà été fait; j'ajouterai seulement que ce que j'ai dit à ce sujet (et que j'applique à toutes les religions) a pour base, non l'incrédulité dans le sens que l'on attache à ce mot, mais, au contraire, le respect dû à l'Être suprême, et dont je ne me suis écarté dans aucun de mes ouvrages.

FRAGMENT

D'UN OUVRAGE INTITULÉ :

DES ALLEMANDS
COMPARÉS AUX FRANÇAIS,

DANS

LEURS MŒURS, LEURS USAGES,

LEUR VIE INTÉRIEURE ET SOCIALE.

Ce fragment a été inséré dans *la Revue encyclopédique*, en 1826. L'ouvrage d'où il est extrait, et que je venais de terminer, y avait aussi été annoncé; mais différentes circonstances m'ont décidée à en remettre la publication à un autre temps.

Cependant ce fragment ayant déjà paru, je crois devoir le placer ici; il fera juger de l'étendue et de la gravité de cet ouvrage qui est le fruit d'un fort long travail.

DES ALLEMANDS
COMPARÉS AUX FRANÇAIS.

(FRAGMENT.)

LIVRE III.

CHAPITRE PREMIER.

Des Femmes.

L'ALLEMAGNE voit s'augmenter sans cesse la masse et le développement de ses lumières. Les grands événements dont elle a été le théâtre, semblent y avoir donné une nouvelle impulsion aux esprits et aux âmes. Le bonheur, la gloire, la dignité de l'homme y deviennent le sujet de tous les écrits, l'objet de toutes les pensées. Mais il est un point que n'y ont encore atteint ni les événements, ni les lumières : c'est la situation des femmes, et dans le monde, et dans l'intérieur de leurs familles. A l'exception de celles que leur naissance ou leur fortune place dans un rang élevé, elles ne sont aujourd'hui que ce qu'elles ont été de tout temps : les progrès de l'esprit humain n'ont apporté encore aucun changement à leur position. Oubliées dans l'obscurité de leurs occupations intérieures, elles paraissent n'exister que pour s'y dévouer sans réserve; et, quand tout ce qui les entoure s'avance et s'éclaire, elles restent en arrière, sans même songer à s'en plaindre, et peut-être sans s'en apercevoir.

Ce n'est pas que cette vérité frappe également l'observateur dans tous les États qui composent l'Allemagne. La diversité de leurs lois, de leurs mœurs; les nuances de caractère qui les distinguent y influent nécessairement sur la situation des femmes, et en changent du plus au moins les apparences ; mais le fond en reste invariable, et la vie entière d'une Allemande est renfermée dans un cercle si étroit qu'il serait difficile d'en rien dire, hors quelques lieux communs de morale, si, comparée à celle d'une Française, elle n'en était un contraste continuel, et n'ouvrait par là un vaste champ aux observations et aux raisonnements.

Ce contraste se fait sentir à la fois dans l'ensemble de leur existence et dans tous ses détails. On le retrouve dans leurs habitudes intérieures et sociales ; dans leurs qualités comme dans leurs défauts ; dans leurs actions comme dans leurs pensées. Il ne se passe peut-être pas un instant de la journée où les soins, les devoirs qui leur sont imposés, soient réellement semblables, ou puissent être considérés sous le même point de vue ; et l'on a peine à concevoir qu'une si grande différence existe entre deux peuples voisins, et en qui l'on remarque une foule de ressemblances qu'ils n'ont pas avec les peuples qui les environnent.

De quel côté est l'avantage? de quel côté la position des femmes est-elle vraiment conforme aux lois de la nature et favorable au bonheur général? C'est ce que plus d'un lecteur se hâtera de demander, et à quoi il serait facile de répondre. La nature ne peut vouloir que la compagne de l'homme, celle qui fait le charme et la consolation de tous les instants de sa vie, soit séparée de lui par les lumières de l'esprit, et ce n'est plus dans ce siècle qu'il est permis de croire qu'une situation qui restreint les facultés morales soit un bonheur pour personne. Mais ce genre de discussion est étranger à ce que je vais dire sur les femmes. En comparant l'existence qu'elles ont en Allemagne à celle qu'elles ont en France, en dévoilant en quelque sorte tous les secrets de leur intérieur, je ne cherche ni à réveiller, ni à combattre les opinions, mais à exposer les faits, à en indiquer les conséquences, et à appeler par là l'attention des hommes instruits, dont l'Allemagne abonde, sur un sujet qui les touche de si près, et auquel ils semblent n'avoir jamais attaché une véritable importance. Je dirai donc simplement ce que j'ai vu, ce qui m'a frappée, ce que je crois juste et nécessaire ; et, satisfaite d'avoir plaidé la cause de mon sexe en général, et montré avec impartialité quelle est la place que lui assignent, dans l'ordre social, deux nations également éclairées, je n'irai pas plus loin, et je laisserai chacun décider ces grandes questions, suivant ses goûts, ses opinions, et même ses préjugés.

CHAPITRE II.

De l'intérieur des ménages en France et en Allemagne.

La première loi que l'on doit s'imposer pour connaître la vraie situation des femmes en Allemagne est de ne pas en juger d'après les observations que l'on peut faire dans les classes élevées de la société. Dans ce pays où les rangs ne se confondent pas, ce que l'on appelle *le grand monde* forme un corps tout à fait à part, qui a ses mœurs et son caractère à part. Les grands seigneurs qui le composent presque seuls, et qui, de tout temps, ont aimé à habiter la France, en ont aussi adopté en partie les usages. Ils les ont introduits successivement dans le monde, et jusque dans l'intérieur de leurs familles; et, quoique le caractère national n'y soit pas réellement altéré, qu'il y reparaisse même inopinément à la moindre circonstance, il est impossible de le bien saisir à travers ces formes diverses, ou du moins d'en porter un jugement que l'on puisse appliquer aux mœurs générales de l'Allemagne. Je reviendrai sur cette partie de mon sujet; je peindrai aussi le petit nombre de femmes qui, nées dans les hauts rangs de la société, y jouissent, comme en France, de tous les avantages attachés à leur position. Mais pour donner une idée juste de la véritable Allemande, et de la différence de son sort à celui d'une Française, je dois d'abord les chercher dans les classes moyennes et aisées, qui sont partout le type réel des nations, et les opposer l'une à l'autre, non dans le monde, mais chez elles, et dans l'exercice de leurs vertus domestiques.

En France, on peut dire qu'il y a à peu près une égale répartition de droits et de lumières entre les hommes et les femmes. S'ils conservent dans leurs goûts, dans le genre de leurs occupations, la nuance que la nature et les circonstances ont mise entre eux, elle se confond à chaque instant. Le besoin de l'instruction, de la communication des idées, de tout ce qui éclaire l'esprit et élève l'ame, n'y connaît point de sexe ni presque de rang, et cette égalité, ou plutôt cette ressemblance morale est la base principale de l'opinion que les femmes ont d'elles-mêmes, et leur permet d'avoir à leurs propres yeux une sorte de dignité qui leur devient naturelle, et qu'augmentent encore en elles le ton et les usages de la société.

Ce sentiment les suit dans toutes les positions où elles se trouvent; la femme du simple particulier, comme celle du grand seigneur, le porte, sans s'en apercevoir, dans l'intérieur de sa maison. Quelque importance qu'elle attache à ses devoirs, et quoiqu'en général elle les remplisse avec un dévouement remarquable, elle sait les renfermer dans leurs justes limites, et les soumettre à cet instinct secret des convenances qui ne l'abandonne jamais. Son vrai talent, celui de toute femme en France, est d'ordonner chez elle, d'y être la main invisible qui dirige tout, d'exercer à propos sur ce qui l'entoure une surveillance inaperçue qu'elle allie à l'agrément de la conversation avec une facilité qui lui est propre, et de savoir se dépouiller à l'instant de ces idées pour s'occuper d'intérêts plus grands ou plus conformes à ses goûts, et, aussi, des devoirs et des plaisirs de la société qui sont une des conditions du bonheur de sa vie. Son mari, qui les partage avec elle, ne pourrait supposer même qu'elle eût un autre genre d'existence. S'il veut qu'elle soit une femme essentielle, il semble qu'il ait plus besoin encore de trouver en elle une femme aimable, une compagne qui l'entende, dont les pensées soient analogues aux siennes, et qui, dans les occasions difficiles, puisse être pour lui, comme il l'est pour elle, un soutien, un conseil également sûr et éclairé. Enfin, si la jeunesse, les passions, ou l'opposition des caractères ne troublent point leur union, il règne entre eux une réciprocité de volontés et de moyens qui leur fait confondre jusqu'aux pouvoirs qu'ils se sont mutuellement attribués ; et, quoi qu'en disent encore quelques moralistes chagrins, un bon ménage en France n'est pas celui où les époux se renferment dans ce que l'on se plaît à appeler les devoirs des femmes et l'autorité des maris, c'est celui où chacun paie sa dette au bonheur commun, suivant les goûts et les facultés que lui a donnés la nature, et où les vertus domestiques n'excluent ni les lumières de l'esprit ni les jouissances de la société.

Si beaucoup de dames allemandes voient dans ce tableau celui de l'intérieur de leur maison, je crois pouvoir affirmer, sans crainte d'être démentie, qu'elles sont une exception à la règle générale, et qu'il ne se trouve pas, dans tout ce que je viens de dire, un seul trait qui puisse s'appliquer réellement à ce qu'on appelle en Allemagne un bon ménage. Dans ce pays, où tout est grave et mesuré, où les actions comme les idées ont toujours un but positif, les devoirs réciproques des époux n'admettent pas ces modifications; ils sont aussi nets qu'absolus, et semblent séparés, non par des lignes, mais par des barrières. Cependant, par une de ces bizarreries qu'il n'appartient pas à l'homme d'expliquer, s'ils sont plus sévères ils paraissent aussi coûter moins d'efforts : ils résistent même à ces passions fougueuses qui sont comme inhérentes à la jeunesse d'un Français, mais qui, à moins qu'elles ne brisent toutes les digues, sont toujours en Allemagne, sinon étouffées, au moins comprimées par la raison. Là, la femme se place naturellement à la tête de sa maison comme le mari à la tête de ses affaires. Là, elle va voir sa vie s'écouler dans le cercle de ses occupations intérieures ; chaque instant de la journée va lui rapporter les soins et les pensées de la veille ; mais elle en est contente, elle en est fière ; et, si elle n'est pas ce qu'on appelle une femme *folle* ou *légère*, elle ne comprendra pas qu'elle puisse désirer davantage. Là, les agréments, les plaisirs de la société ne sont plus à ses yeux que des distractions frivoles ou ridicules, ou, si la nature, qui ne perd jamais ses droits, lui en donne quelquefois le besoin, si elle s'y livre tout à coup avec un emportement qui étonne, elle revient bientôt à des habitudes qui ont été celles de toute sa vie, et elle rentre dans sa maison comme dans son véritable centre. Là, heureuse d'être plus que tout ce qui l'entoure, de se soumettre, sans difficulté, des serviteurs dont l'obéissance est passive, elle règne à sa manière, et elle n'a pas l'idée d'un autre genre de gloire ni de bonheur. Le mari remplit de même la tâche qu'il s'est imposée. Il se fait une existence séparée, et s'y crée des satisfactions pour lui seul, que sa femme favorise et respecte. Accoutumé dès l'enfance à classer les droits et les devoirs, il ne songe pas plus à troubler son indépendance qu'elle ne songe à troubler la sienne. Il a au contraire pour elle, comme occupée des soins dont il la voit chargée, une sorte de déférence qu'elle lui rend comme chef de la fortune, et qui devient chez eux et dans le monde la mesure de l'estime qu'on leur porte. Enfin, ils ne se gênent ni ne s'aident dans leur gouvernement réciproque; chacun y conserve une sorte de liberté dont on ne voit presque aucun exemple en France, et leurs pouvoirs marchent ainsi paisiblement ensemble, sans empiéter l'un sur l'autre, et sans jamais se confondre.

Que si le hasard, la nécessité, ou la bizarrerie de quelques caractères change cet ordre presque immuable en Allemagne, comme ce changement y est contraire à toutes les habitudes, les résultats en sont toujours fâcheux. Le mari porte dans l'intérieur une autorité qui ne connaît ni nuances, ni bornes. La femme n'en connaît pas davantage quand elle s'affranchit des seuls soins qui aient rempli sa vie et occupé sa pensée. Son ignorance des choses sérieuses, l'esprit de détail qui a, pour ainsi dire, divisé ses facultés et qui s'attache à tout ce qu'elle fait, lui ôtent entièrement les moyens de se conduire par elle-même. Le moindre mal qui leur arrive alors est de perdre dans la société cet aplomb, cette bonne renommée, si nécessaires partout, mais qui le sont principalement en Allemagne, où on ne revient jamais sur le jugement que l'on a porté, et où le mérite le mieux reconnu ne pourrait obtenir l'estime publique, s'il n'était accompagné non-seulement des qualités essentielles, mais des vertus domestiques.

Et qu'on ne croie pas que tout ceci ne s'applique

qu'à la simple bourgeoisie. Il en est des usages comme des modes; chacun les suit même sans le vouloir; leur influence s'étend sur ce qui y paraît le moins assujetti, et nul n'échappe réellement aux goûts et aux habitudes qui sont ceux du plus grand nombre. La bourgeoise la plus riche en Allemagne, quoique son existence soit souvent aussi brillante qu'honorable, croirait perdre un de ses plus beaux priviléges en se relâchant de la sévérité de ses devoirs comme maîtresse de maison. Les familles de la noblesse peu riche ne craignent pas non plus de s'y soumettre, et l'on peut dire que les femmes du plus haut rang, quelques grâces qu'elles portent dans la société, ne sont pas entièrement étrangères à ce genre de vertus, ou du moins qu'elles ont à leurs yeux une tout autre importance qu'à ceux des dames françaises.

CHAPITRE III.

Le Français, la Française en Allemagne. — Relations sociales. — Comparaisons. — Résumé.

Quelque respectable que soit la manière de vivre que je viens de décrire, elle est la cause principale de cette espèce de mélancolie dont tout Français qui se trouve en Allemagne se sent comme accablé, s'il n'est pas répandu dans la haute société. Au premier moment, il admire de bonne foi cette sévérité de devoirs, et elle devient pour lui le sujet de ces réflexions sur les femmes qu'une sorte de légèreté fait mêler, en France, même aux hommages qu'on leur rend. Mais le besoin que le Français éprouve toujours de se trouver avec elles, au moins dans le monde, se fait bientôt sentir en lui. Il ne peut concevoir que la maîtresse de la maison, qui partout est l'âme de la société, en fasse si peu partie ; qu'elle connaisse à peine celle de son mari ; qu'occupée d'attentions qui l'importunent elle paraisse indifférente à une foule de choses, d'idées, d'événements dont l'intérêt est général en France ; et tous les avantages qui l'avaient frappé d'abord, s'évanouissent devant la presque impossibilité d'occuper ou de reposer ses esprits par ces longues heures de conversation qu'il est accoutumé à avoir avec les femmes, accoutumées aussi à n'être étrangères à aucun sujet de conversation.

La Française mariée en Allemagne, dans les classes bourgeoises, est bien plus accablée encore du poids de sa situation. Quel que soit le genre d'éducation qu'elle ait reçu, elle trouve bientôt insupportable cette continuité de petites pensées qui lui semblent dévorer obscurément sa vie, et dont la fortune même, si elle n'est accompagnée d'un rang ou d'un titre, ne lui donne pas, aux yeux du public, le droit de s'affranchir. Son souvenir se reporte avec douleur sur les agréments qui, en France, délassent des occupations sérieuses ; et, tandis que les Allemandes qui s'y trouvent fixées, enivrées de la liberté qu'elles ont recouvrée, en jouissent avec transport, et quelquefois avec excès, elle a besoin, pour ne pas se plaindre amèrement du sort, d'être soutenue par ce respect d'elle-même qui est une des qualités les plus remarquables des Françaises, quoiqu'elle en soit peut-être la moins appréciée.

Les hommes eux-mêmes, en Allemagne, éprouvent sans le savoir le vide que laisse en eux cette manière d'exister. Elle est, il n'en faut pas douter, une des causes de la séparation volontaire et presque continuelle des deux sexes. Leurs intérêts sont communs, mais leurs idées sont différentes. S'ils sont exempts de la confusion des pouvoirs, ils n'ont pas non plus cette multitude de rapprochements de pensées et d'actions qui anime la vie en France, et qui peut seule établir entre deux époux de véritables rapports moraux. Hors un petit nombre de circonstances où l'usage veut qu'ils se trouvent ensemble dans le monde, le mari consacre rarement à sa femme le temps dont il peut disposer. Il va toujours, dès qu'il est libre, chercher dans quelque société d'hommes de son rang ou de son état, des délassements qu'il ne trouve pas chez lui. Les femmes forment aussi des réunions dont les hommes ne font point partie, ou plutôt auxquelles ils n'ont ni l'usage ni le désir de prendre part. La vie sédentaire qu'elles mènent leur fait saisir avec empressement ces occasions d'échanger au moins les paroles et les pensées; et l'habitude qu'elles ont d'être ensemble donne à ces petites assemblées une sorte de charme qu'elles auraient difficilement en France.(1). Leur conversation y a pour objet, comme partout, ce qui les occupe et aussi ce qui occupe les autres.

(1) Quoique ces usages aient quelques rapports avec les mœurs anglaises, il ne faut pas les confondre. Les formes de la société et les habitudes intérieures, en France et en Angleterre, offrent des différences plus ou moins remarquables; mais la situation des femmes y est également honorable.

Les arts, l'instruction, les études quelconques y sont à peu près étrangers; mais la parure n'y est pas oubliée, surtout par les demoiselles et les jeunes dames, qui y attachent bien plus d'importance que les Françaises, ce que l'opinion qu'elles se font d'elles leur rend impossible à concevoir. La vivacité, l'ardeur avec laquelle elles s'expriment dans ces occasions, et celle qu'en général les femmes ont en Allemagne, surpasse de beaucoup la nôtre, et fait un contraste parfait avec le flegme de leurs maris : elles semblent être d'une autre nation et presque d'une autre nature. Il est évident que, si leur éducation était dirigée dans le même sens que celle des Françaises, elles pourraient obtenir les succès les plus brillants, et devenir, sous tous les rapports, les véritables compagnes de l'homme; mais c'est ce qu'en Allemagne personne ne paraît désirer, pas même les femmes. Leur activité naturelle s'use dans une foule de soins, de petits plaisirs, dont la tradition passe sans altération et sans peine de mère en fille; et ce genre d'existence, consacré par le temps et l'habitude, paraîtrait reposer sur des bases inébranlables, s'il n'était en opposition avec les goûts, les lumières et l'esprit d'équité sociale qui distinguent éminemment notre siècle, et si l'on pouvait concevoir cette espèce d'isolement moral que s'imposent sans nécessité deux êtres nés pour être heureux l'un par l'autre.

Quoique ces détails m'aient entraînée plus loin que je ne me le proposais, je crois devoir y ajouter quelques traits d'un autre genre, et montrer aussi quels sont pour les femmes les avantages de la manière de vivre des Allemands, comparée à celle des Français; car quelle est la situation à laquelle on s'est accoutumé dès l'enfance et où les lois éternelles de la nature n'aient pas au moins établi quelque équilibre entre le bien et le mal?

Si les femmes en Allemagne ne jouissent pas des agréments de la société comme les Françaises, elles sont évidemment plus tranquilles et plus maîtresses chez elles, ce qui est aussi une satisfaction. Elles n'ont pas à craindre dans le monde ces rivalités de talents et de succès qui éveillent tant de jalousies et de petites haines; ni, dans l'intérieur, ces contrariétés, ces tourments de chaque minute, que peut y faire naître l'humeur ou l'oisiveté d'un mari mécontent, ou en qui l'esprit de détail est porté trop loin. La galanterie, source de tant de chagrins, semble aussi troubler moins leur bonheur. Soit qu'elle ait peine à trouver place à travers leurs nombreuses occupations, soit que la rigueur avec laquelle la juge l'opinion publique, leur en fasse sentir tout le danger, elle n'est, dans les classes moyennes, pour les femmes et même pour les hommes, qu'une erreur rare et passagère. Elle paraît tenir plus en eux à l'exaltation subite des esprits qu'à l'entraînement secret du cœur; et, si elle ne devient pas une folle passion, elle les arrache d'autant moins à leurs devoirs, que, par le partage qu'ils s'en sont fait, ils se sont mis, sans s'en apercevoir, dans une véritable dépendance l'un de l'autre.

Les soins qu'exige la fortune, toujours si pénibles pour les femmes, ne les accablent pas non plus en Allemagne comme en France. A un petit nombre d'exceptions près, le mari la gouverne seul : c'est aussi lui qui en dispose; tout est classé sur ce point essentiel comme sur les autres, et il devient rarement entre les époux un sujet réel de contestation. L'Allemand (et j'ai déjà eu occasion de le dire) ne sait pas résister à ce qui lui semble juste; il a en lui une sorte de respect humain, ou plutôt de respect du droit des gens, qu'il porte jusque dans son intérieur, et qui y rend toutes les relations faciles. Loin de blâmer dans sa femme, même ce que sa gravité naturelle lui fait prendre souvent pour des fantaisies ou des caprices, il se plaît à la satisfaire, à lui procurer les jouissances domestiques qui sont en son pouvoir, et qui lui semblent attachées à sa condition de *femme*. Il veut qu'elle reçoive ses amies, qu'elle puisse être fière à la fois de l'ordre de sa maison et de l'aisance qu'il y fait régner; qu'elle n'ait pas surtout à se plaindre de lui, ce qui l'exposerait au blâme, dont la crainte, toujours présente à la pensée en Allemagne, y influe jusque sur les moindres actions. Une des choses qui flattent le plus son orgueil est de la voir bien mise, c'est-à-dire richement, lorsqu'ils vont dans le monde; et, tandis que tant de maris en France se plaignent de l'élégance de leurs femmes, il facilite à la sienne tous les moyens de briller par sa parure, et il en fait une de ses gloires domestiques. Il a aussi, dans sa manière d'être avec elle, sous tous les autres rapports, un genre de procédés et de formes qui n'est pas le même que celui que les hommes ont en France, mais qui est peut-être plus flatteur. On sent, dans tout ce qu'il dit, qu'il ne la regarde pas autant comme sa propriété; qu'il n'admet pas l'idée de lui faire faire une chose contre son gré, et qu'elle n'est pas pour lui comme une moitié de lui-même, qu'il se croit autorisé à gouverner; mais comme un être qui a attaché son sort au sien, et qui a aussi le droit d'être heureux à sa manière. Enfin, si la position des femmes en Allemagne est évidemment inférieure et bornée, elle est au moins claire et positive : si elle ne les élève pas à leurs propres yeux, elle leur donne à ceux de tout ce qui les entoure, à ceux du public même, une véritable consistance, et il n'y a pas de doute que ces petites compensations de chaque instant ne soient une des plus fortes raisons qui leur font supporter avec courage l'obscurité qui les environne, et les soins nombreux dont elles sont chargées.

Mais, je le répète, quelque réels que puissent être ces avantages, quoiqu'ils paraissent suffire à un grand nombre de femmes qui ne connaissent pas ceux d'un autre genre dont elles pourraient jouir, cet ordre de choses, reste de la simplicité et de l'ignorance des premiers âges, est-il bien pour elles ce qu'il doit être? Ces lumières, qu'il est facile d'allier aux devoirs, ces sentiments de dignité personnelle qui, aujourd'hui, pénètrent partout, n'arriveront-ils pas aussi jusqu'à elles en Allemagne dans toutes les classes de la société? Les hommes eux-mêmes, les pères de famille ne doivent-ils pas le désirer? Quand cette jeunesse ardente, de tous les rangs, de tous les états, qui remplit les nombreuses universités, se retrouve dans ses foyers, que peut-elle penser de cette barrière morale élevée entre elle et les objets les plus sacrés de ses affections; entre elle et les femmes si nécessaires à son bonheur, qui, étrangères à tous ses goûts, ne sont initiées à presque aucune de ses pensées, et dont l'instruction se borne à la faible étude des éléments de quelques connaissances vulgaires, étouffées bientôt sous la multiplicité des soins intérieurs; tandis que celle des hommes, objet de l'attention générale, est confiée aux savants les plus célèbres? Enfin, cette alliance extraordinaire et inévitable des lumières et de l'obscurité est-elle de nature à subsister? Le temps n'y apportera-t-il pas de grands changements? et, si cet effet devait avoir lieu, ne vaudrait-il pas mieux le diriger par une sage instruction adaptée aux lumières du siècle, que de l'abandonner au hasard des circonstances (1)? C'est ce que pourront décider les

---

(1) On peut se convaincre de la facilité avec laquelle cet heureux changement s'introduirait dans toute l'Allemagne, et des avantages qui en résulteraient, en observant les provinces allemandes qui ont fait partie de la France. L'éducation des femmes s'y est sensiblement améliorée, et l'état général de la société y a gagné sous tous les rapports, sans que les vertus domestiques y aient rien perdu.

hommes justes et exempts de préventions, et ce que j'examinerai de nouveau lorsque, considérant les femmes comme mères de famille, je parlerai de l'éducation que les jeunes personnes reçoivent en Allemagne, et de l'influence qu'elle a sur leur caractère et sur leur situation dans le monde : mais je dois, avant tout, faire connaître, comme je l'ai dit, les femmes qui sont placées aux premiers rangs de la société, dont l'éducation est aussi une chose à part, et qui, par leurs qualités, le genre de leur esprit, de leurs vertus même, diffèrent tellement de celles que je viens de peindre, que leurs portraits offriront à peine quelques traits de ressemblance.

MES
SOIXANTE ANS,

OU

MES SOUVENIRS

POLITIQUES ET LITTÉRAIRES.

Je n'ai jusqu'à présent parlé de moi dans aucun de mes ouvrages; mais, arrivée à cet âge où l'on reporte involontairement ses regards sur le passé, j'ai éprouvé le besoin de me retracer ces temps si beaux et si extraordinaires que j'ai traversés, de me rendre compte de l'influence presque continuelle qu'ils ont eue sur ma longue carrière, et je n'ai pu résister au désir d'écrire ces souvenirs.

Ils sont à la fois un aperçu rapide des grands événements dont j'ai été témoin, ou plutôt de la foule de sensations qu'ils faisaient naître en moi, et un simple exposé de ma vie littéraire, qui se rattache à tous mes souvenirs, et qui devait nécessairement faire partie de cet ouvrage. J'ai cru même devoir y rappeler, lorsque mon sujet m'a paru l'exiger, les différentes situations dans lesquelles le sort m'a placée, et, en général, m'y livrer librement à toutes mes inspirations, et m'y montrer dans mon caractère et dans mes sentiments comme dans mes opinions.

Ces souvenirs, que j'aurais pu appeler *mes Mémoires moraux*, sont enfin un tableau fidèle de ce que j'ai vu, de ce que j'ai pensé, de ce qui, pendant plus de quarante ans, a occupé ou agité mes esprits. Celui qui les aura lus m'aura vue vivre; il aura parcouru avec moi cette longue série d'événements qui rendent ce siècle si célèbre, et, si je ne me trompe, il aura une idée juste de l'impression qu'ils produisaient sur nous, et de l'esprit qui nous animait dans ces temps de grandeur et de gloire, si différents de ceux que nous voyons aujourd'hui.

SOMMAIRE.

Introduction. — Premiers temps de la révolution. — La terreur. — La France après la terreur. — Sapho, représentée en 1794. — Hymnes patriotiques. — Les femmes auteurs. — Épître aux femmes. — Triomphes de la France sous le directoire. — La société à la fin du siècle. — Lycée des arts, Lycée de Paris, etc. Éloges de la Lande, de Sédaine, etc. — Tourments, jalousies littéraires. — Napoléon. — Grandeurs de l'empire. — Premier hommage rendu à l'empereur. — La société sous l'empire. — Marie-Louise. — Épîtres diverses, Cantate. — Guerres de 1813, 1814 et 1815. — Chute de l'empire. — Réflexion. — La restauration. — Les provinces du Rhin séparées de la France. — Épîtres. Ouvrage sur l'Allemagne. Vingt-quatre heures d'une femme sensible. — Congrès de Vienne. Congrès d'Aix-la-Chapelle. — Retour sur le passé. — La France après l'occupation. — Retour en France. — La société sous la restauration. — Ouvrages divers. Épître sur l'esprit du siècle. — Révolution de 1830. — Épîtres aux souverains absolus. — Situation actuelle de la France. — Les Polonais. — Ancône. — Anvers. — Conclusion.

MES SOIXANTE ANS,

OU

MES SOUVENIRS

POLITIQUES ET LITTÉRAIRES.

———o———

> Muses! redisons-les ces temps tumultueux;
> Dont la seule pensée et m'enflamme et m'oppresse;
> Ces temps de gloire, de détresse,
> Qui seront admirés par nos derniers neveux,
> Muses! redisons-les.

Introduction.

Le voilà donc ce triste hiver de l'âge
Que, jeune, je croyais le moment du repos,
De ce repos forcé que doit subir le sage;
Cet âge où, chaque jour, quoi qu'il ait en partage,

L'homme dans ses goûts, ses travaux,
Ses plus justes désirs, ses transports les plus beaux,
Du temps doit ressentir et l'effet et l'outrage !

Ne me trompé-je point pourtant ?
Quand aussi sur mon front j'aperçois son ravage,
Mon esprit se sent-il de vains troubles exempt ?
Au mot de gloire, de patrie,
Un généreux, un noble sentiment
En moi s'élève-t-il encor subitement ?
Puis-je encor dédaigner l'injustice et l'envie ?
Puis-je encor dévoiler, confondre le méchant ?
L'espoir d'orner mon nom des lauriers du talent,
Est-il toujours l'orgueil, le besoin de ma vie,
Son ivresse de chaque instant ?
Ne me trompé-je point ? cette flamme sacrée
Survit-elle à mes jeunes ans ?
Oui, je le sens, je me sens inspirée
Par des pensers moins doux, mais peut-être plus grands :
Oui, je le sens, les vains efforts de l'âge,
Tels que les flots toujours menaçant le rivage,

Et qu'on voit chaque jour contre lui se briser,
Même à la fin de ma carrière,
En mon sein laissent tout entière
L'ardeur dont la nature a voulu m'embraser.

Et ce n'est point que dans mon âme
Il ne soit pas aussi de faiblesses, d'erreurs ;
Que je sois plus qu'une autre femme :
C'est que le transport qui m'enflamme
En moi s'est retrempé dans ces temps de grandeurs,
D'enthousiasme, de terreurs,
Où chacun s'élevant, bravant l'injuste blâme,
Chacun, pour la première fois,
Des peuples et de l'homme avait compris les droits ;
C'est que cette clarté nouvelle,
C'est que l'auguste liberté,
La civique vertu, la sage égalité,
Laissaient dans tous les cœurs une empreinte éternelle
Et d'honneur et de dignité ;
C'est que par ces hautes pensées
Sans cesse ranimant mes esprits et mes sens,

Je vis, j'existe encor dans ces splendeurs passées
Que ne peut atteindre le temps.
C'est aussi qu'à la crainte, à l'envie étrangère,
D'être ce que j'étais toujours heureuse et fière,
Femme, de nos esprits si longtemps comprimés,
J'ai franchi l'antique barrière,
J'ai pénétré dans la carrière,
Sûre enfin de ces droits par l'honneur réclamés,
De ces droits que pour tous on avait proclamés.

Premiers temps de la révolution. Qu'ils étaient beaux, grands dieux! ces jours de ma jeunesse,
Ces jours où tous les cœurs formaient les mêmes vœux!
A l'espoir, au bonheur d'un peuple généreux,
En voyant succéder la belliqueuse ivresse,
L'éclat, le revers, la faiblesse ;
A ces grands souvenirs, dans leur cours orageux,
En mêlant, malgré moi, sans cesse
Ceux de mes jeunes ans, de mes travaux nombreux,
Comme, aux portes de la vieillesse,
Cet immense tableau se déroule à mes yeux!
Muses! redisons-les ces temps tumultueux

Dont la seule pensée et m'enflamme et m'oppresse;

  Ces temps de gloire, de détresse,

Qui seront admirés par nos derniers neveux;

Muses! redisons-les! Au déclin de ma vie,

Lorsque des ans encor je brave les rigueurs,

Muses, que je consacre à ma noble patrie,

A son double réveil ce reste d'énergie;

  Muses! redisons ses grandeurs!

Qu'ils étaient beaux ces jours qui charmaient mon jeune âge;

Ces jours où la sagesse et le mâle courage,

A la vérité sainte apportant leurs trésors,

D'un brillant avenir tout nous semblait le gage!

  Qu'ils étaient beaux les sentiments d'alors!

Que l'on se trouvait grand, que l'on se sentait libre,

Quand, d'une nation partageant les transports,

  On croyait presque sans efforts

Entre tous les pouvoirs établir l'équilibre,

Et par de nouveaux droits effacer de vieux torts!

Que l'on se trouvait grand quand on pouvait se dire:

  « Nul ici-bas n'est plus que moi:

« Je ne reconnais d'autre empire
« Que celui de l'honneur, la raison, et la loi ! »
Que l'on se trouvait grand lorsque la voix du sage
Du haut de la tribune éclairait l'univers,
Arrachait la pensée à son long esclavage,
  Et de l'homme brisait les fers !
Que l'on se trouvait grand lorsque d'injustes guerres
  Partout créaient des défenseurs ;
  Quand les Français égaux et frères,
Pour venger leur pays s'élançant aux frontières,
  Étaient citoyens, et vainqueurs ;
  Quand, sous le poids des discordes civiles,
  Tous à la fois levant le front,
Renvoyaient l'étranger qui menaçait leurs villes,
Dans ses foyers lointains dévorer son affront ;
  Quand ils voyaient, malgré l'Europe entière,
  Malgré les peuples et les rois,
  S'affermir leurs pactes, leurs droits ;
Ces droits dont la justice et la sage lumière,
Au sein des passions, sont encore aujourd'hui
  Du despotisme la barrière,

Et de nos libertés le principe et l'appui !

Que l'on était plus grand quand l'audace et le crime, *La terreur.*
D'un civisme en fureur soudain se revêtant,
Au nom de la patrie accusaient l'innocent ;
  Quand la vertu simple et sublime,
A la force cédant, imposante victime,
  A l'échafaud marchait tranquillement ;
  Quand, prévoyant l'arrêt terrible,
Dans le fond des cachots on l'attendait, paisible,
Sans fuir, sans dédaigner un doux amusement ;
Quand même libre encor, à sa propre existence
  On devenait indifférent,
A l'aspect de ce fer sans cesse menaçant,
  Qui, décimant la généreuse France,
Tombait sur le vieillard, sur la mère, l'enfant !
Et lorsqu'enfin sonna l'heure de la justice ;
Quand on vit s'arrêter tant de forfaits sanglants ;
  Lorsqu'enfin l'affreux édifice
  Croula jusqu'en ses fondements ;
Quand aussi l'assassin marchait vers le supplice,

Quels transports, juste ciel, combien ils étaient grands!
    Vingt lustres passés sur ma tête
    En moi ne pourraient affaiblir
    Le terrible et beau souvenir
    De ce jour de mort et de fête,
De cet homme sans voix, pâle, sans mouvement,
Maudit par tout un peuple à son dernier moment.

La France après la terreur. CEPENDANT ce mélange et d'horreur et d'ivresse
Dans nos cœurs, nos esprits semblait avoir porté
    La force, la juste fierté,
Le courage, au delà de l'humaine sagesse.
    Jamais on n'unit plus d'ardeur
    Au noble dédain de la vie;
    Jamais avec plus d'énergie
On ne voulut le bien, on ne servit l'honneur,
On n'illustra son nom par l'œuvre du génie;
    Jamais l'amour de la patrie,
Jamais la liberté sans trouble, sans efforts,
N'inspira de plus purs, de plus riants transports.
Les lettres, les beaux-arts, leurs vives jouissances,

MES SOIXANTE ANS.

Besoin du cœur après tant de souffrances,
Sortirent tout à coup de ce vaste chaos;
Chaque jour annonçait leurs triomphes nouveaux;
Et rendue au bonheur, paisible enfin, la France
Avec avidité savourant l'existence,
Unissait leurs douceurs aux douceurs du repos.

Tous leurs feux à la fois embrasèrent mon âme.
Soit que l'amour sacré des droits, des libertés,
Ces généreux transports, ces brillantes clartés,
Fissent naître en mon sein une nouvelle flamme :
Soit que tant de grandeurs, tant d'épreuves, de maux,
Portassent mes esprits vers de dignes travaux,
La gloire m'enivrait; la gloire qu'une femme
  Peut obtenir, la gloire du talent.
Quand sur mon front la mort planait à chaque instant,
(O de la renommée ineffable chimère!)
Un beau dessein déjà m'occupait tout entière.
De Sapho, dès l'enfance admirant la splendeur,
  Je voulais porter sur la scène
  Son nom, son amoureuse chaîne,

Sapho représentée en 1794.

Et peindre en jeunes vers son antique malheur.

  La France respirait à peine ;
Libre, je m'élançai, je parus dans l'arène :
En vain on me parlait du jaloux, du méchant,
En vain on me disait que toujours il nous blesse,
L'avenir était là, je le voyais sans cesse,
  Que m'importaient les erreurs du présent !

  Dieu ! que ces moments de ma vie
  Furent pour moi délicieux !
Quand de ces grands pensers mon âme était remplie,
Que de Sapho j'aimais à retracer les feux ;
Que mon travail encor s'élevait à mes yeux,
Quand je montrais l'erreur, le fanatisme impie,
Trompant la passion au nom sacré des dieux !
  Que je trouvais ma pensée embellie
Par la tendre, sublime ou brillante harmonie
D'un vieux maître célèbre, et dont jadis les chants
Avaient, redits partout, bercé mes jeunes ans !
De quelle joie enfin ne fus-je pas saisie
Quand je vis au théâtre, approuvée, applaudie,

MES SOIXANTE ANS.

L'œuvre de mon esprit, de mes travaux constants!...
   O jour de doux ravissements!
Jour de nobles succès et de riante gloire,
    Reste, reste dans ma mémoire,
Et charme encor ma vie à mes derniers instants!

  Mais quelle voix pourra redire *Hymnes patriotiques.*
  Ce que bientôt me firent éprouver
  D'autres travaux, fruits d'un plus beau délire?
Combien je me sentais m'agrandir, m'élever,
   Quand, par mon succès enhardie,
   Des triomphes de ma patrie,
   Mon cœur, mon esprit enivré,
Lui vouait le transport qu'elle avait inspiré;
Quand dans ce champ immense où des mains généreuses
Pour la fête d'un peuple avaient tout préparé,
Je distinguais de loin des voix harmonieuses
    Répétant mon hymne sacré;
    Quand sur les listes glorieuses
De ceux qui célébraient nos victoires nombreuses,
Près d'un nom révéré j'apercevais mon nom;

Quand je chantais enfin la grande nation,
La grande nation dans les siècles célèbre,
Oubliant ses malheurs pour soutenir ses droits;
Que l'on venait de voir sous le crêpe funèbre,
En imposer encore aux despotes, aux rois;
La grande nation de gloire environnée,
Alors sans alliés, sans appui, sans secours,
Bravant les factions, l'Europe déchaînée,
S'égarant quelquefois, mais s'illustrant toujours!

<small>Les femmes auteurs.</small> D'AUTRES femmes aussi pénétraient dans la lice;
Mais de la liberté les droits encor nouveaux
N'avaient point, étouffant l'envie et l'injustice,
Accoutumé l'esprit à nos nobles travaux.
De sophismes pompeux déployant l'artifice,
  Tout à coup on vit le jaloux,
  Du haut de sa grandeur factice,
Au saint nom du devoir s'élever contre nous.
  Dans son orgueilleuse colère,
L'ingrat! il outrageait ce sexe qui naguère
A l'homme prodiguait de si tendres secours;

Ce sexe si sublime et si grand dans ces jours
    Où le sang inondait la terre.
   Ah! quand il coulait à grands flots,
Quand un voile de deuil environnait la France,
Les femmes étaient là pour calmer tous les maux,
   Pour soutenir, ranimer l'espérance,
   Pour désarmer l'implacable ennemi;
Que dis-je? pour braver avec indifférence
La mort près d'un époux, près d'un père, un ami.
On venait de le voir leur immense courage,
Il arrachait encor des pleurs de tous les yeux :
   Mais quand, après ce noir orage,
   Les cœurs brûlant de mille feux
Exprimaient leurs transports dans ce noble langage
   Que l'on nomme celui des dieux,
Rien ne put désarmer le fol orgueil des hommes;
Tous semblaient dévoués, chacun devint ingrat;
Seuls ils voulaient briller d'un éternel éclat :
   Nous n'étions plus ce que nous sommes,
Nous devions végéter dans un obscur état;
Despotes du Parnasse, ils y faisaient renaître

Ces féodales lois que leur raison brisait,

Et nous devions subir les caprices du maître,

Quand à ce mot encor la France frémissait.

Épitre aux femmes. C'en était trop pour moi, je sentis dans mes veines

En flots tumultueux tout mon sang agité :

Quoique, du public respecté,

Mon nom fût étranger à ces critiques vaines,

Soudain je me levai sans redouter les haines ;

J'avais pour moi la vérité.

Dans l'asile sacré des arts, de la science,

Dédaignant de vaines clameurs,

Moi-même, de mon sexe embrassant la défense,

Je tonnai sur nos détracteurs...

Ah ! sans doute l'honneur la rendit éloquente

La voix qui réclamait nos droits :

Je crois la voir encor cette masse imposante

D'auditeurs attentifs et surpris à la fois ;

Je les vois m'approuver, honorer mon courage,

A mes vers, mes transports, rendre un subit hommage ;

MES SOIXANTE ANS.

J'entends encor ce bruit, ce murmure confus,
Ces mots qui ravissaient mes esprits éperdus.
Oui, je me le disais, je l'ai pensé sans cesse,
  L'auteur, qu'il ait ou non vaincu,
Après de tels moments de glorieuse ivresse
  Peut succomber ; il a vécu.

  Mais la raison, l'expérience,
Enfin vinrent calmer mon juste emportement :
Je vis que du jaloux l'implacable vengeance
S'attache moins encore au sexe qu'au talent ;
 Je vis que, né pour la haine et l'envie,
  Son lâche cœur ne peut être dompté ;
Que du poëte il peut empoisonner la vie,
 Mais qu'il n'est rien pour la postérité.
Je dédaignai ses coups : une nouvelle flamme,
L'amour de mon pays, qui remplissait mon âme,
Bientôt d'une autre ardeur embrasa mes esprits.

De deux sexes rivaux quand les vaines querelles
Dans les lettres portaient les fureurs des partis,

Triomphes de la France sous le directoire.

D'héroïques combats et des guerres réelles
  Ébranlaient l'univers surpris :
La France poursuivait ses immenses conquêtes ;
Chaque aurore éclairait ses succès et ses fêtes.
  Sûre encor de ses libertés,
Sans cesse triomphante et sans cesse agrandie,
Partout elle portait ses armes, ses clartés ;
  Elle faisait une même patrie
Des riches bords du Rhin, de la belle Italie,
De dix pays divers et par elle adoptés,
Fiers encore aujourd'hui d'en avoir fait partie.

  Dieux ! quel tableau charmait l'œil enchanté,
    Lorsque dans la grande cité
    Arrivaient ces grandes nouvelles ;
  Quand le détail mille fois répété
    De nos victoires immortelles
    En tous lieux était écouté
  Avec ivresse, avec avidité ;
    Quand le peintre, en son beau délire,
Retraçait le haut fait qui l'avait transporté ;

MES SOIXANTE ANS.

Quand l'auteur agité croyait pouvoir se dire :
    Ce vers que mon pays m'inspire
Dans les siècles futurs un jour sera chanté !
    Oui, quoi qu'en ses récits l'histoire
    Redise à la postérité,
    Pour les comprendre, pour les croire,
Il faut les avoir vus ces nobles jours de gloire ;
Il faut les avoir vus ces triomphes si beaux
Où le laurier civique était la récompense
    Et du grand homme et du héros ;
Et ces convois de deuil suivis d'un peuple immense,
Dans des hymnes sacrés rappelant la valeur
    Du brave mort au champ d'honneur,
    Mort en combattant pour la France ;
    Il faut les avoir vus ces temps
    Où, chaque soir, au lycée, au théâtre,
Partout, on célébrait tant d'exploits éclatants
    Dans de patriotiques chants
Que répétait en chœur un public idolâtre
De liberté, de gloire, et de beaux sentiments !

*La société
à la
fin du siècle.*

Mais, ô doux et riant prodige!
Au faîte des grandeurs, de la célébrité,
Des plaisirs et des jeux le séduisant prestige
Devenait un besoin pour la société.
Aux plus vastes desseins, aux plus hautes pensées,
Le simple amusement succédait sans effort,
  Et l'on goûtait avec transport
Des douceurs qu'aujourd'hui l'on croirait insensées.
L'ivresse était partout, dans les arts, les talents,
Les lettres; au théâtre, au concert, à la danse;
Dans la vive chanson, la plaintive romance,
  Que répétaient vingt journaux différents;
   Dans les jeux brillants de la scène
   Qu'au salon on reproduisait;
Dans la simplicité, dans l'horreur de la gêne,
   Dans la franchise, dans la haine
   Qu'au lâche, au traître l'on portait.
Chacun était heureux et grand à sa manière.
L'État, les lois, les mœurs, tout semblait épuré.
Foulant aux pieds l'orgueil, l'ambition altière,
La France s'avançait riante, mais plus fière,

MES SOIXANTE ANS.

Et de la république enfin le mot sacré
(On ne la croyait pas, comme au temps où nous sommes,
  L'erreur d'un esprit égaré),
La république enfin d'un bonheur assuré,
  Des droits, de l'avenir des hommes,
  Semblait le gage révéré.

Dans la force de l'âge et l'été de ma vie,
Qu'il était grand alors mon espoir, mon bonheur !
Au feu du sentiment, par la raison mûrie,
Unissant les bienfaits de la philosophie,
De mon ivresse aussi rien n'arrêtait l'ardeur;
Par une œuvre bientôt une œuvre était suivie.
Libre des préjugés que j'avais combattus,
  Admise en ces nobles lycées
Où chacun déployait ses talents, ses pensées,
J'y portais de mes vers les renaissants tributs.
  Là, les soutiens des arts, de la science,
Pendant les longs malheurs qui pesaient sur la France,
  Avaient gardé le feu sacré;
Là, l'intrigue, l'orgueil, la secrète influence

Lycée des Arts, lycées de Paris, etc. Éloges de la Lande, de Sédaine, etc.

Des partis et de la puissance
Dans les lettres encor n'avaient point pénétré ;
Là, lorsque d'un auteur on accueillait l'ouvrage,
On ne demandait point son sexe ni son âge,
C'était par son talent qu'il était illustré ;
Là, l'esprit s'élevant plus fier, plus éclairé,
Ce n'était point du rang, d'un nom, d'une visite,
  Que dépendait le laurier du mérite
    Dont le front était décoré ;
Là, j'admirais enfin des grands hommes, des sages,
Du siècle disparu mémorables débris :
Leurs noms par mon enfance avec respect redits,
Déjà me paraissaient mériter mes hommages.
  A l'aspect de leurs cheveux blancs,
De leur front sillonné par l'étude et le temps,
Dans mes plus beaux transports, mes plus douces victoires,
  Je m'inclinais devant ces vieilles gloires
  Applaudissant à mes jeunes accents ;
  Et quand la mort terminait leur carrière,
Tous étaient mes amis, tous ils disparaissaient ;
A cette même place où naguère ils étaient,

MES SOIXANTE ANS.

Au public attendri j'étais heureuse et fière
De peindre leurs vertus, l'éclat dont ils brillaient,
Et de mêler ma voix aux voix qui redisaient
   Les regrets de la France entière.

Et ce n'est pas qu'un si juste transport   *Tourments,*
Désarmât du jaloux l'implacable furie;   *jalousies*
  Auteur, je subissais le sort   *littéraires.*
Qu'aux auteurs de tout temps a réservé l'envie.
  Que dis-je! de la liberté
Le nom servait de voile aux passions haineuses,
(Car quel est le bienfait que la perversité
Ne puisse transformer en armes dangereuses?)
 Plus d'une fois, le lâche détracteur
   Troubla le repos de ma vie;
   Plus d'une fois la calomnie
   Voulut, dans sa sombre fureur,
Sur mes tranquilles jours porter sa main impie;
Plus d'une fois, frappée en ma plus vive ardeur,
Je sentis dans mon sein soudain naître l'orage :
Je connus la colère et le projet vengeur;

Je connus le revers et sa longue douleur;
Mais bientôt, reprenant ma force et mon courage,
  A l'injuste et vaine clameur
J'opposais la fierté, le dédain, mon ouvrage;
  Et malgré tout, m'agrandissant
  Du mal que l'on croyait me faire,
D'un vers réprobateur je frappais le méchant,
  Et je poursuivais ma carrière.

O noble enthousiasme, ô fortunés moments!
  Charmes, tourments, ivresse de la vie!
  Qu'unis aux purs ravissements,
Aux généreux pensers, à la mâle énergie
Qu'inspiraient tour à tour la gloire et la patrie,
Vous captiviez alors nos esprits et nos sens!
  Qu'il m'est doux de les peindre encore
  Ces jours qui ne reviendront plus;
Ces jours qui du bonheur nous paraissaient l'aurore;
Ces jours qu'on méconnaît parce qu'on les ignore,
  Que l'on comprit dès qu'on les eut perdus;
  Ces jours, où l'honneur, le courage,

MES SOIXANTE ANS.

De leur plus vif éclat brillaient;
Où par l'horreur de l'esclavage
Les passions s'ennoblissaient;
Où l'on pouvait se dire au printemps de son âge :
« Par moi seul je m'élèverai :
« Si d'illustrer mon nom je n'ai point l'avantage,
« Tout ce que je puis être au moins je le serai; »
Ces jours enfin où la faiblesse humaine,
Jusque dans l'excès de l'erreur,
Laissait encore au fond du cœur
Et la fierté républicaine,
Et la dignité du malheur!

Ah! lorsque le danger, ou le hasard peut-être, *Napoléon.*
Sur la scène du monde amena d'autres temps,
(Hélas! alors ils étaient près de naître!)
Dans ce trouble qui suit les grands événements,
Lorsque, le front couvert de lauriers éclatants,
Un grand homme vint à paraître;
Lorsque par son génie et ses hauts faits constants,
Après avoir calmé nos vains égarements,

Malgré nous, il nous fit connaître
D'autres ambitions et d'autres sentiments;
Quand tout ce qu'il faisait nous annonçait un maître;
Sur la France déjà lorsque seul il régnait;
Par là quand il nous replaçait
Au rang des nations que nous avions vaincues;
Quand de nos libertés à sa voix disparues
L'ombre, le nom seul nous restait;
Lorsqu'enfin, ébloui par le pouvoir suprême,
Des droits qu'il soutenait, qu'il proclamait lui-même,
Dans son erreur il descendit
Aux droits douteux d'un diadème,
Qu'en vain plus tard il défendit,
Oh dieux! quelles sombres tempêtes
Troublaient notre cœur agité!
Oh dieux! malgré ses superbes conquêtes,
Et ses nombreux palais, et ses brillantes fêtes,
En le voyant, aux yeux de la postérité,
Orner d'un vain bandeau le front de la victoire,
Que nous les regrettions dans leur simplicité,
Les temps de sa première gloire,

MES SOIXANTE ANS.

Les temps de notre liberté !

Je les ai vus ces jours de deuil et de puissance
Succéder à des jours de troubles, de bonheur ;
Je les ai vus, après une longue stupeur,
Affliger, agiter, puis entraîner la France ;
  Car le héros toujours vainqueur
Créait un avenir de gloire et d'espérance :
Et quel est le Français qui peut fermer son cœur
  Aux prodiges de la valeur ?
Que dis-je ? qui pouvait résister au grand homme
Jugeant, embrassant tout dans ses vastes clartés,
  Chaque jour grossissant la somme
  De nos succès, de nos prospérités ?
Je l'ai vu le héros, idole de l'armée,
Effroi de l'ennemi, rentrer dans ses foyers
  Resplendissant de renommée,
S'entourer de savants, d'artistes, de guerriers,
Frapper l'improbité, rechercher le mérite,
Attacher son grand nom au code, aux monuments,
Relever les autels en traçant leur limite,

Grandeurs de l'empire.

Honorer les mœurs, les talents,
Et dans sa marche toujours ferme,
Faire oublier à force de grandeurs
Que de l'indépendance il étouffait le germe
En en étouffant les erreurs.
Le monde les a vus dans l'éclat et le faste,
De sa simplicité magnifique contraste,
Humbles, rangés autour de lui,
Ces fiers ambassadeurs de puissances vaincues,
Qui semblent à la France ordonner aujourd'hui;
Le monde les a vus implorer son appui,
Tandis qu'en ses secrètes vues
Par un mot, un regard, ou calme, ou dédaigneux,
Portant l'espoir, la crainte en leurs âmes émues,
Il observait l'effet qu'il produisait sur eux.
Le monde entier l'a vu surchargé de couronnes,
Tour à tour conquérir, donner, créer des trônes,
Appeler à sa cour des grands, des souverains,
Les rendre l'instrument de ses vastes desseins,
Et faire de la noble France,
Ivre de gloire et de puissance,

Alors exempte de revers,
Des arts et des clartés le temple,
Des peuples conquérants l'exemple,
Et le foyer de l'univers.

Mais vous qu'embrasait seul l'amour de la patrie,
Apôtres de ses libertés !
En la voyant soumise à la force, au génie,
En songeant à ses droits par le sang achetés,
Que disiez-vous pourtant ?... Renfermant en vous-mêmes
Et vos craintes et vos regrets,
A peine pouvant croire à ces pouvoirs suprêmes,
Mais de la France enfin voulant la paix,
Vous attendiez qu'après tant de succès
Le grand homme posât ses armes glorieuses ;
Vous attendiez, le front surchargé de soucis,
Qu'il fût permis aux âmes généreuses
De croire qu'il faisait le bien de son pays.

Je l'attendais aussi : sans en être éblouie,
J'admirais ses hauts faits, je voyais sa grandeur.

Le sort, pour moi propice en sa rigueur,
Alors avait changé la ligne de ma vie :
Après un long revers, une longue douleur,
L'accord des goûts, l'heureuse sympathie,
Par un brillant hymen assurait mon bonheur;
J'avais quitté mon nom pour un nom plus illustre,
Du moins l'orgueilleux le disait,
Car, pour moi quel que fût son lustre,
Un autre lustre à mes yeux m'élevait;
Et ce beau nom (étrange effet
Du destin qui se joue, en sa marche éternelle,
De l'homme, de ses vœux, de ses plus doux projets)
De mes travaux interrompant la paix,
Ce beau nom m'appelait dans cette cour nouvelle;
Il m'appelait dans ce grand tourbillon
Où, comme un songe vain, tout devait disparaître;
Où tout à mes regards était illusion,
Hors l'éclat, le pouvoir et les erreurs du maître;
Où, portant malgré moi ma libre opinion,
Sur ces lambris dorés qui fatiguaient ma vue,
Je croyais voir écrit : LA GRANDE NATION,

MES SOIXANTE ANS.

Triomphante partout, est chez elle vaincue.

    Non, je ne l'oublîrai jamais   *Premier*
    Le sentiment que j'éprouvais   *hommage*
                                                 rendu à
                                               l'empereur.
Le jour où tout à coup, suivant l'antique usage,
La puissance autour d'elle appelant notre hommage,
Pour la première fois, sombre, je franchissais
    Le seuil du superbe palais.
Du brave, du héros, dans sa première gloire,
    J'avais célébré la valeur;
Il était à mes yeux l'enfant de la victoire;
Son approbation, son sourire flatteur,
Je les mettais au rang de mes titres d'honneur.
    Mais quand, de parure brillante,
    Et de moi-même mécontente,
    Sous ces voûtes je m'avançais,
En traversant ces files de valets,
Ces grands salons gardés par des soldats en armes,
    Malgré moi déjà je pensais
Que d'immenses revers, que d'immenses alarmes,
De cet oubli de tout devaient punir l'excès.

Et quand par la foule pressée,
Sur son trône, entouré d'un respect imposteur,
Je revis le guerrier, quand je vis L'EMPEREUR...
Je sentis mon âme oppressée
Se remplir de regrets, de trouble, de douleur;
Je restais là, morne, glacée,
Autour de moi jetant un œil observateur,
Que peut-être il jugeait du haut de sa splendeur;
Car il devinait la pensée,
Et son regard perçant lisait au fond du cœur.
Là, tout me paraissait (j'ose à peine le dire,
Quand le grand homme était devant mes yeux,
Simple, superbe, sérieux),
Là, tout me paraissait un spectacle, un délire,
Un rêve succédant à la réalité,
Moins beau que le beau temps que nous avions chanté;
J'en regrettais jusques à l'âpreté,
Et je me demandais si le trône, l'empire,
Étaient bien une vérité.

Ah! sans doute ils l'étaient; mais qu'il fût resté digne,

Le héros! du haut rang où tout l'avait porté,
S'il n'eût jamais franchi la ligne
Que lui traçaient l'honneur, la générosité;
Si, dédaignant l'éclat que la puissance donne,
Il eût, dans sa prospérité,
Uni les droits du peuple à ceux de sa couronne;
Et sur le trône enfin s'il n'avait pas été
Déserteur de la liberté.

Ces pensers qui troublaient mon âme, *La société sous l'empire.*
La France entière les avait;
Dans tous les regards on lisait
La crainte, les regrets, le blâme;
Mais que ne peut la soif des titres, des honneurs?
Bientôt l'ambition altière,
Du maître saisissant jusqu'aux moindres erreurs,
L'orgueil, l'intrigue, l'arbitraire,
S'empara des esprits, changea les goûts, les mœurs,
Et des simples vertus corrompit les douceurs.
Le luxe, le flatteur, l'or, l'hôtel magnifique,
Comme par un pouvoir magique,

Reparurent insolemment.
Le mot de citoyen, celui de république,
De ridicule empreint, près du laurier civique
Fut relégué honteusement.
Tout devint noble et fier, tout devint sombre et triste ;
Tout fut classé ; le grand, l'homme en place, l'artiste.
Ils n'étaient plus ces heureux temps
Où les lettres, où les talents,
Sur les titres, les noms remportaient la victoire ;
Ces temps où le mérite avait aussi sa gloire ;
Ces temps où de l'égalité,
Lien de la société,
Naissaient le sentiment, la douce confiance.
Alors l'esprit, le cœur, tout semblait agité ;
Alors tout semblait arrêté
Par la crainte ou par l'espérance.
Ils n'étaient même plus ces transports généreux
Que faisaient éclater les succès de nos armes ;
Pour des objets chéris de trop longues alarmes
Sur l'avenir enfin avaient ouvert les yeux ;
Le canon annonçant ces triomphes nombreux,

MES SOIXANTE ANS.

    Qui pour nous avaient tant de charmes,
    Laissait Paris silencieux;
    Et nos bulletins glorieux,
Hélas! on les voyait effacés par les larmes.

Mais dans ce grand chaos un grand rayon brilla. *Marie-Louise.*
La paix, la douce paix si longtemps désirée,
Par un illustre hymen à nos yeux assurée,
    Apparut et nous consola.
Qu'elle fut noble alors ta généreuse ivresse,
O mon pays! si cher à la gloire, à l'honneur;
    Qui sais pardonner la faiblesse,
    Les fautes, les torts d'un grand cœur;
    Que rien n'abat, que rien n'alarme,
    Et qu'un beau sentiment désarme
    Au sein même de la douleur.
La fille des Césars, avec transport reçue,
Paraissait aux Français un astre bienfaiteur :
Je crois la voir encor, timide en sa candeur,
    Chaste alors, simplement vêtue,
Et portant sur son front l'empreinte du bonheur :

De toutes parts la joie éclatait à sa vue,
L'envie était muette et la crainte vaincue;
  Et bientôt dans de saints transports
Les Muses, reprenant leur lyre suspendue,
Firent entendre au loin leurs magiques accords.
Tout mon cœur tressaillit à ce brillant délire :
Mais d'un trouble secret il était agité.
Au faîte du pouvoir, par lui-même porté,
  Le grand vainqueur, osons le dire,
   Redoutait de la vérité
La lumière, la force et la sévérité;
Dans ses vastes desseins craignant de laisser lire,
  Le droit de parler et d'écrire
  Sur le présent, l'avenir, l'alarmait;
   Son esprit juste lui disait
Qu'un sage écrit dure plus qu'un empire;
Il observait les lettres qu'il flattait;
Par leur puissance en secret oppressée,
  Son âme enfin s'en irritait,
Et ne pouvant étouffer la pensée,
  Sa main de fer la comprimait.

En lui j'avais compris cet orgueilleux mystère ;
>Tout, jusqu'au mot qu'il m'adressait,

Son sourire incertain, tout me le dévoilait.
>Dès lors, sérieuse, sévère,
>N'espérant plus célébrer librement
>Le beau transport, le juste sentiment
>Qui remplissait mon âme tout entière,

Dans mes travaux en moi me renfermant,
Ma voix n'exprima plus que la raison austère ;
Car de la liberté la raison est la mère.
Elle dictait encor mon vers indépendant ;
>Mais quand la publique allégresse,
>La joie en tout lieu retentit ;
>Quand je vis cette grande ivresse,
>De tous les feux de ma jeunesse
>Malgré moi mon cœur se remplit ;

Je chantai le héros, et la paix, et la France :
Je les chantais ; pourtant ma longue expérience
Arrêtait quelquefois mon poétique essor :
>De mon pays partageant l'espérance,

Je chantais son bonheur, mais j'en doutais encor.

MES SOIXANTE ANS.

<small>Guerres de 1813, 1814 et 1815.</small>

Hélas ! tout confirma ma triste prévoyance ;
  La gloire, l'éclat, la naissance
 D'un fils, de la France l'espoir,
Rien ne put arrêter l'immanquable vengeance
Des peuples gémissant sous la main du pouvoir.
 Le vainqueur même, en sa marche incertaine,
En butte à l'injustice, à l'erreur, à la haine,
Jouet des grands, des cours, de traîtres entouré,
A nos regards, aux siens, cessant d'être sacré,
Bientôt ne montra plus que la faiblesse humaine.
  Semblable enfin, dans son cours radieux,
  Au météore ardent et lumineux
 Dont la clarté longtemps éblouissante,
 Toujours plus vive et soudain vacillante,
Annonce le déclin, le grand homme déjà
Par l'excès du génie avançant au delà
Des bornes à l'orgueil, à la raison prescrites,
  Sans le savoir rentrait dans les limites
Qu'à l'homme de tout temps la nature imposa.

Alors tout retentit des fureurs de la guerre,

MES SOIXANTE ANS.

Alors les pleurs, le sang inondèrent la terre;
Nous eûmes contre nous les rois, les éléments,
 Les nations : toujours braves et grands,
  Dans une contrée étrangère
Nous vîmes succomber nos frères, nos enfants;
Sans que la France encor fût moins forte et moins fière.
  Mais bientôt du Nord descendant,
De vingt peuples divers une masse terrible
  Tomba sur le peuple invincible
Sous un maître irrité lui-même s'irritant,
Et deux fois, oui deux fois (irréparable outrage!)
Le guerrier dévorant son impuissante rage,
Le citoyen couvert de sang et de lauriers,
  Virent le nombre accabler le courage,
  Et l'ennemi s'asseoir dans nos foyers.

MES yeux aussi l'ont vu ce temps, ce jour funeste!   *Chute de l'empire.*
J'ai vu la trahison consommer nos malheurs;
  Du théâtre de nos douleurs,
De nos soldats muets j'ai vu partir le reste,
  Le reste de nos défenseurs.

Je les ai vus ces rois, qui, remontés sans gloire
  Sur un trône mal affermi,
Payaient du sang français, des fruits de la victoire,
  La vengeance de l'ennemi :
Je vous ai vus aussi dans notre ville immense,
Souverains ; mais gardez de croire que la France,
  Dans sa première et civique union,
  N'eût pu braver votre sainte alliance;
Vous avez vaincu l'homme et non la nation :
  Jamais, jamais vos nombreuses cohortes
De la grande cité n'auraient franchi les portes;
Jamais vos légions de soldats, de sujets,
N'auraient en ennemis foulé le sol français,
Si le héros tombé, de sa chute complice,
N'eût de nos libertés ébranlé l'édifice,
Et s'il eût, moins superbe en ses brillants exploits,
Moins fait pour la victoire et plus fait pour les droits...
Mais que dis-je? il n'est plus, respectons sa mémoire;
Honorons son malheur! N'a-t-il pas dans les fers
  Encore étonné l'univers?
Sa fin n'est-elle pas sa plus belle victoire?

Il n'est plus ; respectons le grand homme ; l'histoire,

Quand les voiles du temps couvriront ses erreurs,

    Redira son immense gloire,

De son règne l'éclat, la force, les splendeurs,

Sa chute épouvantable et ses longues douleurs.

Les nôtres commençaient, dieux! qui l'aurait pu croire ! *La restauration.*

    Ah! sans doute après un long temps

De triomphes, d'éclat, de combats, de souffrance,

    Voir disparaître en peu d'instants

Un avenir entier de gloire et d'espérance ;

    Ah! sans doute, courber son front

Sous le fer, sous le poids d'une main ennemie ;

    Devoir dans sa propre patrie

De l'étranger subir et le joug et l'affront ;

    Devoir rester calme et paisible

Quand l'indignation fermente dans le cœur,

Ah! sans doute, des maux que peut souffrir l'honneur,

    Il n'en est point de plus terrible.

    Mais voir sur de vieux préjugés

    S'établir la vieille puissance ;

Par la nullité, l'ignorance,
Voir le droit, le mérite et la force outragés;
Voir méconnaître avec audace
Les lois et la foi des serments;
Voir une cour, un roi s'occuper d'une chasse,
Quand la honte menace au dehors, au dedans;
Voir l'erreur, la sottise altière,
Sans cesse élever leur barrière
Entre elles et la vérité,
Et forcer enfin la lumière
A reculer devant l'obscurité,
Ah! c'en était plus pour la France
Que la guerre et tous ses fléaux;
Et l'exposer à tant de maux,
C'était, lassant enfin sa noble patience,
Faire naître en son sein pour sa juste défense
Un nouveau peuple de héros.

Le temps la mûrissait cette grande vengeance,
Nous devions voir l'honneur d'une inflexible main
Anéantir comme un fantôme vain

Les droits du souverain donné par la naissance,
Dans son peuple forcé de voir son souverain.
Mais, ô dieux! jusque-là que de sombres alarmes
Sous un calme apparent agitaient tous les cœurs!
    Que d'injustices, que de larmes!
Que de sanglants arrêts souillant les lois, les armes!
Que de folles grandeurs remplaçant les grandeurs
    Naguère encore à nos yeux immortelles,
Et qui devaient bientôt ne nous laisser, comme elles,
    Qu'un avenir de doutes et d'erreurs.

ARRÊTONS un moment : qu'est-ce donc que la vie,   *Réflexion.*
    De douleurs, de revers remplie?
Une lutte pénible, un renaissant tribut,
Une longue journée, une course sans but :
Que dis-je? un vaste empire où règne la pensée,
Où l'homme est plus que tout; où son âme oppressée
    Par un instinct dominateur,
Partout lui fait chercher et trouver le bonheur
Dans ce qui l'agrandit, ou l'élève, ou l'éclaire....
Que dis-je encor? la vie, en son cours agité,

Est-elle cette vaine et brillante chimère,

  Ou cette triste obscurité?

Non, elle est un mélange et de joie et de peine,

Où tout se meut au gré de la faiblesse humaine;

Elle est un ordre, un don, une loi du destin

Qui de notre existence a tracé le chemin;

Un des plus beaux chaînons de sa chaîne éternelle,

Sans cesse entraînant tout quand tout se renouvelle :

Elle est enfin un bien dont chacun doit jouir,

Mais que nul n'apprécie et ne peut définir.

<small>Les provinces du Rhin séparées de la France.</small> C'est par ces vérités de la philosophie

  Que j'adoucissais mes chagrins,

Quand la France, remise en de débiles mains,

  Gémissait restreinte, asservie,

Et lorsque d'un époux partageant les destins,

Sans changer de foyers je changeais de patrie.

  Qui les peindra ces sentiments

Que j'éprouvais, chez moi devenue étrangère,

Quand partout je voyais l'appareil de la guerre,

  Des mœurs, des peuples différents?

MES SOIXANTE ANS.

  Quand tous reconnaissaient un maître,
Arbitre souverain du sort de ses sujets;
Lorsque, Française hier, aujourd'hui j'ignorais
  Ce que demain je devais être;
Ou, lorsque tristement je portais mes regards
Sur ma patrie en deuil et veuve de sa gloire;
   Veuve de ses soldats épars,
  Honteux de trente ans de victoire!
De tant de coups frappée, à mon cœur agité
   Qui pouvait rendre sa fierté,
   Et son calme et son énergie?
Qui pouvait à mon front rendre sa dignité?
  Qui le pouvait?... O charme de ma vie!
Espoir de vivre encor dans la postérité,
Bonheur de chaque instant, inépuisable flamme,
Qui seuls calmez un cœur de douleur abreuvé,
  Nobles travaux de l'esprit et de l'âme,
  Vous étiez là, j'avais tout retrouvé!

  A ce transport je redevins moi-même;
Ces armes, ces soldats, ces hommes rassemblés,

Épîtres.

L'ambition, l'orgueil de la grandeur suprême,

<small>Ouvrage sur l'Allemagne.</small>

    Tout disparut à mes yeux consolés ;

<small>Vingt-quatre heures d'une femme sensible, etc.</small>

En moi je retrouvai mes ivresses passées,

Et d'un monde nouveau me créant les douceurs,

    Seule au milieu d'un cercle de pensées,

Des peuples et des rois j'oubliais les erreurs.

      Tantôt, d'un beau transport saisie,

Je célébrais l'étude et la philosophie ;

      Tantôt mon vers de crainte exempt

      Frappait le traître, l'intrigant ;

      Tantôt, avide de lumières,

      Des nations que j'observais

      Jugeant les mœurs, les caractères,

      Aux nôtres je les comparais.

Plus souvent redoutant, dans ce désordre immense,

Des grandes vérités l'inutile clameur,

De mon sein, de ma plume, en sa vive abondance,

Je laissais s'échapper les vérités du cœur ;

    Ces vérités qui sont celles du monde,

    Ces vérités dont la source féconde

    Est du bonheur l'éternel aliment ;

MES SOIXANTE ANS.

Ces vérités de tout temps, de tout âge,
Que reconnaît le plus grand, le plus sage;
Les vérités du sentiment.

Ah! qu'ils eurent pour moi de charmes,
Ces jours de travaux et d'alarmes!
Qu'ils reposaient mon cœur, qu'ils enivraient mes sens!
Combien de fois depuis, par moi-même attendrie,
En relisant ces doux, ces fiers épanchements,
En songeant à ces tristes temps,
Où tant de maux pesaient sur moi, sur ma patrie;
Combien de fois, encore accablée et ravie,
Ne me suis-je pas dit que ces cruels instants
Peut-être étaient les plus doux de ma vie!

MAIS les passions s'apaisaient,
Les jours, les ans disparaissaient;
La France se pliait à ses longues détresses,
Et les rois, oubliant leurs pompeuses promesses,
Sous de vaines grandeurs à nos yeux dérobaient
Les chaînes qu'ils nous préparaient.

Congrès de Vienne. Congrès d'Aix-la-Chapelle.

Une seconde fois, dans leurs hautes sagesses,
  Libres enfin ils s'assemblaient;
 Ils s'assemblaient?... grands dieux!... encor, peut-être,
Pour s'offrir en spectacle à l'univers surpris;
Pour se distribuer les âmes, les pays;
Pour braver dans les fers celui qui fut le maître,
  Dont ils se disaient les amis;
Pour signer des traités invoqués ou détruits
Au moindre espoir qu'en eux l'ambition fait naître,
Ou pour prodiguer l'or de leurs sujets soumis
Dans des bals, des tournois, pour *daigner* y paraître
D'un monde de flatteurs, de courtisans suivis?
Non, cette fois, après les horreurs de la guerre,
Ils voulaient, animés d'un plus beau sentiment,
 Rendre à l'Europe un repos nécessaire.
  Je respirai plus librement;
  Et dans cette cour passagère
Où le devoir encor, la raison m'appelait,
Je portai du passé l'inutile regret.
Là je la retrouvais d'un saint nom revêtue
  La triple alliance des rois,

Remplaçant la grandeur qu'elle avait abattue,
Au nom de l'honneur et des lois.
Là mon œil embrassait le théâtre du monde;
Là par les passions tous les cœurs agités,
L'ambition, l'orgueil, l'erreur, les vanités,
M'ouvraient une source féconde
De lumières, de vérités.
Là, je voyais et sans morgue et sans faste,
Fatigués d'une vaine et fausse dignité,
Ces souverains de près offrant le grand contraste
Du pouvoir, de l'éclat, de la simplicité;
Là, je pouvais enfin comprendre
De nos malheurs, les causes, les effets,
Ce que des nations un peuple doit attendre
Lorsque de leurs foyers il vient troubler la paix.
Mais là, me rappelant notre gloire passée,
Même quand tout frappait, éclairait mes esprits,
Soudain, je me sentais agitée, oppressée,
Au seul nom de ces rois contre nous réunis,
Et qui, depuis trente ans, étaient dans ma pensée
Les ennemis de mon pays.

Retour sur le passé. Les ennemis!..... Sans doute ils l'étaient de la France,
De sa force, son rang, de son indépendance :
Ils sont hommes aussi; contre elle armant leur bras,
Ils avaient en devoir transformé la vengeance,
  Et, vainqueurs, brisé la puissance
Du vainqueur qui pourtant ne les détrôna pas.
  Mais de cette longue souffrance
Que sur nous l'étranger faisait encor peser,
Sur nous, de sa secrète et honteuse influence,
Était-ce aussi les rois qu'il fallait accuser?
Non; c'étaient ces soutiens de leur grandeur suprême,
  Ces véritables potentats,
Ministres, conseillers, plus que le maître même,
Décidant du bonheur, du destin des États;
Ces hommes du pouvoir, pour lui prêts à tout faire,
Qui déjà, lorsqu'un peuple ardent et généreux
D'une liberté sage arborait la bannière,
Soudoyaient les partis, l'égaraient dans ses vœux,
Contre lui fomentaient et la haine et la guerre;
Qui, plus tard, par l'intrigue et les affronts secrets,
Du grand homme irritant la superbe colère,

Lui montraient, dans ces rois qui l'appelaient leur frère,
D'éternels ennemis à s'armer toujours prêts;
Qui, plus tard, quand peut-être il eût voulu la paix,
Quand tout eût pu fonder une sage alliance,
Poursuivant un dessein dès longtemps médité,
Dans son malheur, aux yeux de la postérité,
Accablaient, trahissaient la glorieuse France.
C'étaient aussi, c'étaient, à tous les rangs montés,
Ces flatteurs dont l'espoir sur les troubles se fonde,
Tels que ceux qui déjà près de nos libertés
      Exploitent la mine féconde
Que l'intrigue des cours ouvre à l'avidité.
      C'étaient, fiers de leur dignité,
Ces grands, de leur pays prétendus mandataires,
De leurs maîtres partout servant les passions;
      Par des mesures arbitraires
Assurant, disent-ils, les droits des nations,
Et qu'aussi nous voyons, dans leurs sombres mystères,
Chaque matin, bravant un public éclairé,
Signer au nom des rois, pour l'univers sacré,
D'insidieux traités, un obscur protocole,

Le lendemain par eux sans force déclaré,

    Quand, s'il manquait à sa parole,
Le plus pauvre croirait son nom déshonoré!

    Voilà de la France, du monde,
Du passé, du présent, du sinistre avenir,

    Voilà les ennemis!

<small>La France après l'occupation.</small>   Lorsque le souvenir,
Dans mon sein réveillant cette douleur profonde,
M'accablait au milieu des fêtes, du plaisir,

    Sans cesse poursuivant sa course,

    Le despotisme dans leur source
Étouffait les grandeurs qu'il voulait nous ravir.
Il permit que la France enfin redevînt libre,

    Libre dans ses étroits remparts,
Lorsque des bords de l'Elbe aux bords riants du Tibre
Naguère elle avait vu flotter ses étendards;

    Libre, mais soumise et déchue;

    Libre, conquise, et, disait-on, vaincue;
Libre, quand chaque jour ses sourds gémissements
Vainement à celui qui s'en croyait le maître

Disaient ce qu'elle était, ce qu'elle pouvait être,
  Ce qu'un jour seraient ses enfants.
Mais le sort, le malheur avait courbé sa tête;
  Quand le laurier couvrait son front,
Elle reçut ensemble et la paix et l'affront.
  Le calme suivit la tempête,
Et bientôt (oh! pour moi jour de joie et de fête!
  Jour de bonheur!) je me revis
  Dans mes foyers, dans mon pays.

  Mon pays!... quelle vive flamme   *Retour en France.*
Son seul aspect portait dans mes sens, dans mon âme!
Que de grands souvenirs partout j'y retrouvais!
  Qu'avec transport j'y contemplais
  Ces lieux témoins de ma jeunesse,
De mes travaux, de ma brûlante ivresse!
  Que ces amis qui m'entouraient,
  Ces vieux amis charmés de ma présence
  Par leur présence aussi me ravissaient!
Ah! mille maux encor sur nos têtes pesaient,
Mais rien ne me manquait, je revoyais la France!

Amour des lieux où l'on reçut le jour,
De la patrie inexplicable amour,
Seul lien dont le temps, dont l'humaine faiblesse
Jamais n'ait altéré l'effet,
Qu'es-tu? quel est ton but, ton invincible attrait?
Qu'es-tu? l'homme partout ne sent-il pas sans cesse
La terre sous ses pas et l'air autour de lui?
Partout ne peut-il pas se créer un appui?
La nature partout, déployant sa richesse,
N'offre-t-elle pas à ses yeux
De la vie et de la tendresse
Sous mille aspects divers les trésors précieux,
Et le calme des nuits, et la clarté des cieux?
Qu'es-tu, beau sentiment qui gouverne la terre?
Ah! n'en doutons pas, un mystère,
Dont notre œil ne saurait percer la profondeur;
Un des bienfaits du pouvoir tutélaire
Qui sur nous veille en sa grandeur,
Et qui de cet instinct qui nous est nécessaire,
Qui doit à notre insu régner dans notre cœur,
Dans sa sagesse a voulu faire

De notre course passagère
Et le premier besoin, et le premier bonheur.

A peine me livrant à ces douces pensées, *La société*
sous la
restauration.
  Du sort, dans un heureux repos,
  J'oubliais les rigueurs passées ;
Autour de moi, partout, j'aperçus d'autres maux.
Osons le dire, après sa trop longue souffrance,
Dans la France mes yeux ne trouvaient plus la France.
  Des partis les sombres fureurs,
  S'exhalant en vaines clameurs
Ou cédant à l'orgueil, l'intérêt, l'espérance,
  Troublaient ou glaçaient tous les cœurs.
  L'égoïsme, l'indifférence,
L'infortune elle-même, en ses justes douleurs,
 Se renfermait dans un morne silence,
Et la société sans formes, sans douceurs,
Mélange de dédain, d'intrigues, de contrainte,
D'un pouvoir étranger à nos goûts, à nos mœurs,
  Avait déjà reçu l'empreinte.
  Rien n'y rappelait la gaîté,

La riante célébrité,

De ma jeunesse heureux délire;

Ni l'imposante dignité,

L'éclat, la gloire, la fierté,

Grand caractère de l'empire.

Tout y paraissait un chaos

Où, de ces désordres nouveaux,

L'œil du sage cherchant les causes,

Voyait du plus beau des pays

Les rois, chez l'étranger dans les haines vieillis,

A leur chute marcher par la force des choses

Et la faiblesse des esprits.

Que dis-je? une fatale et plus grande influence

Partout y faisait voir l'œuvre de la vengeance,

L'œuvre du fanatisme en ses détours obscurs,

Trompant la crédule ignorance,

Portant des coups cachés, mais sûrs;

D'une éternelle surveillance

Entourant la raison, l'honneur;

Faisant un crime du silence;

Au nom d'un Dieu de paix prêchant l'intolérance,

MES SOIXANTE ANS.

Et du glaive de la fureur
Armant le bras de la puissance.

De cette sombre et secrète terreur,
Chaque jour, chaque instant augmentait la rigueur.
Cependant le Français, oubliant ses alarmes,
Heureux de n'avoir plus à répandre des larmes,
    Dans la paix cherchait un bonheur
Qu'il n'avait pu trouver dans l'éclat de ses armes;
Les lettres, les beaux-arts enchantaient son repos;
Ils firent naître en moi mille transports nouveaux.
    Bientôt je rentrai dans l'arène,
Je recueillis le fruit de ces nombreux travaux
Qui loin de mon pays avaient charmé ma peine;
Et ce que j'avais vu, ce qu'encor je voyais,
Ce spectacle de maux, d'inutiles excès,
Enflammant mon esprit libre de toute chaîne,
    J'élevai la voix; nos regrets,
Nos grands aveuglements, cette discorde immense
Qui planait sur l'Europe et menaçait la France,
De tant d'égarements les causes, les effets,

Ouvrages divers. Épître sur l'esprit du siècle.

Mon vers embrassa tout dans son vaste délire,
Et sur mon front encor, ô bonheur! je vis luire
Près de l'hiver de l'âge un rayon de succès.

<small>Révolution de 1830.</small> Mais l'orage grondait : trop longtemps comprimées,
Sans qu'un pouvoir aveugle eût compris ses erreurs,
Les nobles passions et les justes clameurs
    De toutes parts s'élançaient enflammées.
La foudre pour tomber n'attendait qu'un signal,
Le trône le donna : du malheur général
Jaillirent à l'instant la force, le courage;
Un peuple généreux, calme dans sa fureur,
Proclamant l'ordre au sein de l'horrible carnage;
    Une jeunesse ardente et sage,
Unissant aux clartés l'héroïque valeur;
Et dans tout son éclat, toute son énergie,
La liberté superbe, imposante, agrandie,
Sous un roi citoyen promettant le bonheur;
    La liberté conquise par l'honneur.

Dieux! quel spectacle et sublime et terrible

Offrit alors à l'univers
Ce grand combat, ce grand revers!
Un souverain heureux, paisible,
Qui du faible partout doit être le soutien,
Ordonnant de sang-froid la mort du citoyen;
La force vainement soutenant la puissance;
Des femmes, des enfants atteints dans leurs foyers;
Le sang de l'artisan, sans haine, sans vengeance,
Se mêlant au sang des guerriers;
Là, les vieux défenseurs de notre indépendance,
De tout un peuple respectés,
Au milieu des dangers par leur seule présence
Portant l'espoir, le calme en ses flots irrités;
Là, dépouillés de leurs grandeurs factices,
De haineux courtisans fuyant épouvantés,
Chargés d'or, et suivis de leurs lâches complices,
Lorsque dans le palais des rois,
Le pauvre resté pauvre au sein de l'abondance,
Frappé, tombant et remplacé cent fois,
Faisait enfin flotter sur l'édifice immense
Le signe révéré de la grande union,

Du triomphe, de l'espérance,
L'étendard de la nation!
Et partout, oui partout (dans l'avenir, ô France!
Qu'avec respect ton nom sera cité!)
Partout l'amour des droits, la raison, la vaillance,
La justice partout, partout l'humanité!...

<small>Épitre
aux
souverains
absolus.</small> GRACE te soit rendue, ô Dieu de ma patrie!
Grâce te soit rendue, ô destin généreux
Qui, sur le déclin de ma vie,
Encore as permis que mes yeux
Revissent ces couleurs, symbole de la gloire;
Qu'encor mon oreille entendît
Ce chant de liberté proscrit,
Parce qu'il rappelait l'honneur et la victoire;
Que sans crainte mon vers, ma voix,
Retrouvant tous les feux de ma vive jeunesse,
Portât dans ma civique ivresse
La vérité jusques aux rois!
Grâces surtout vous soient rendues,
Grands citoyens morts pour votre pays!

MES SOIXANTE ANS.

Que vos noms, il le veut, soient sur le marbre inscrits;
Qu'ils montrent à jamais, aux nations déçues,
 Aux nations qu'opprime le pouvoir,
  Leurs droits, leur force, leur devoir;
   Et que dans nos chants, dans nos fêtes,
    Par nous, par nos enfants redits,
Ils retracent sans cesse aux généreux esprits
  La plus digne de nos conquêtes,
De nos efforts le plus glorieux prix.

Muses, qui présidez à ces simples récits,   *Situation*
Muses, arrêtons-nous : vous avez de la France   *actuelle*
  Vu le réveil, la renaissance;   *de la France.*
Vous avez vu son peuple, aux lois seules soumis,
Avec son roi former une sainte alliance;
Vous avez vu briller, sur le sein des vainqueurs,
Le signe respecté de la reconnaissance,
Et la paix et l'espoir rentrer dans tous les cœurs!
Muses, arrêtons-nous; Muses, posons la lyre;
Sur nos têtes, partout, l'orage gronde encor,
Mais ne redoutons point ce reste de délire;

Le grand peuple a repris son légitime essor,
  Il reprendra son juste empire.
Pour enchaîner encor sa pensée et son bras,
Que le puissant s'égare où se laisse conduire;
Que l'ennemi s'apprête à de nouveaux combats;
Que son regard s'attache à chacun de nos pas;
  Que ce qu'il voit, que ce qu'il entend dire,
Lui rappelle des temps qu'il ne reverra pas;
Que le pouvoir vaincu s'avilisse et conspire;
Qu'il livre à la fureur, à d'éternels regrets,
Ce qu'il croit ses États, ceux qu'il croit ses sujets;

<small>Les Polonais.</small> Succombant sous le poids d'un courage inutile,
Abandonnés de tous, sans espoir, sans asile,
Que de nos vieux amis les restes dispersés
  Chez nous errent de ville en ville,
Jusque dans leur tombeau peut-être repoussés;
<small>Ancône.</small> Que nos fils, nos fils même, ivres déjà de gloire,
Nos fils dans ces pays que nous avions conquis,
En vain, par tout un peuple au sein de la victoire,
  Avec transport soient accueillis;
<small>Anvers.</small> Qu'ailleurs, nous rappelant notre grandeur première,

    Affranchissant une terre étrangère,
Ils soient encor soumis à ces pouvoirs jaloux
Nous imposant la paix, nous permettant la guerre,
    Quand les fruits n'en sont pas pour nous;
Que la crainte, l'erreur, ou l'aveugle démence,
    Jusque dans le sein de la France,
Verse le sang français par la main du Français,
Lorsque l'amour d'un peuple entourant la puissance,
    Seul, peut l'affermir à jamais;
Que tout enfin, que tout sur notre indépendance,
Sur nos pactes, nos lois, nous alarme en secret,
Rien ne l'arrêtera la clarté qui s'avance,
De la marche des temps inévitable effet;
Rien n'en arrêtera le civique bienfait.

    Toujours et plus forte et plus sage,
    France, tu te relèveras;
Semblable au chêne altier qu'agite en vain l'orage,
France, après le danger, calme tu brilleras;
Et ces droits que l'orgueil, les passions des hommes
    Cherchent encore à te ravir,
Ces droits que chaque jour voit croître et s'affermir,

Resteront le flambeau du grand siècle où nous sommes,
Celui des nations, celui de l'avenir.

Conclusion. Oui ! le monde verra cette grande lumière ;
   Mais dans tout son éclat, hélas !
Dans toute sa splendeur, je ne la verrai pas.
Le temps, suivant toujours sa course régulière,
Dans son immensité s'avance pas à pas ;
Ce n'est que lentement qu'il agit, qu'il éclaire.
Huit lustres de combats, de glorieux exploits,
A peine du pouvoir ont fixé la barrière,
Sans cesse il sait encor nous imposer des lois ;
   Et l'âge vient, et j'aperçois
   Déjà la fin de ma carrière :
Je ne le verrai pas le triomphe des droits,
Il n'enchantera point ma course passagère ;
  Mais je saurai qu'un jour il brillera,
  Que chaque instant nous en rapprochera,
Et je pourrai me dire à mon heure dernière :
L'œuvre de la justice enfin s'accomplira.

MES SOIXANTE ANS.

Ah ! que pourrai-je alors désirer sur la terre !
Que puis-je y désirer encor !
Née en ces temps où rien n'arrêtait notre essor,
Je puis, levant le front, regarder en arrière.
L'amour de la patrie et de la liberté,
Le beau rêve, l'espoir de la célébrité,
Ont occupé, rempli, charmé ma vie entière ;
Toujours j'ai dédaigné l'éclat et la grandeur ;
Toujours j'ai de mon sexe embrassé la défense ;
Jamais d'un vers adulateur
Ma lyre, ni ma voix n'encensa la puissance ;
Jamais je n'ai compris qu'on pût souffrir l'offense
Sans la repousser par l'honneur.
Je les connus aussi l'amitié, la tendresse,
Les mutuels, les purs épanchements ;
Ils ont dans mon bonheur augmenté mon ivresse,
Ils ont dans mes malheurs adouci mes tourments.
Qu'il vienne donc le jour où de mes éléments
L'ordre cessant de soutenir ma vie,
Ils devront retourner dans la tombe des temps
D'où les avait tirés la sagesse infinie

Qui voit naître et mourir ses éternels enfants ;
Qu'il vienne ce moment marqué par la nature,
Qu'il vienne, je l'attends sans crainte et sans murmure :
Mes destins ici-bas, mes devoirs sont remplis.

Mais après moi que mes écrits,
De mon âme toujours la fidèle peinture,
Encor quelquefois soient redits ;
Et que ces vers, que ces simples récits
De mon existence passée,
A mes amis, mon pays, l'avenir,
Des temps où j'ai vécu, de toute ma pensée,
De tout ce que j'ai vu laissent un souvenir.

Aix-la-Chapelle, 1833.

FIN DU QUATRIÈME ET DERNIER VOLUME.

NOTES.

NOTES.

ÉLOGE DE SÉDAINE.

(Note 1, page 5.)

Il y a plus de quarante ans qu'à la demande du Lycée des arts, je fis cet éloge que, comme on l'a vu, je lus dans une de ses séances. Ce petit ouvrage parut dans les recueils littéraires du temps. Quelques-unes des nombreuses biographies que l'on a publiées depuis y ont puisé une partie des faits que j'y rapporte; mais y ayant trouvé plusieurs inexactitudes, j'ai voulu rendre un dernier hommage à la mémoire du digne Sédaine, et j'ai fait sur lui et sur ses ouvrages un article assez étendu qui a été inséré dans la Biographie universelle, et qui est, en quelque sorte, un extrait de cet éloge. J'ajouterai que c'est de sa famille même et de ses plus anciens amis que je tiens les détails dans lesquels je suis entrée sur sa jeunesse, ses travaux, et sa vie privée et littéraire.

J'eus aussi occasion plus tard, et sous l'empire, de rendre à la famille de Sédaine un service d'un autre genre. L'empereur, après avoir assisté à une représentation de *Richard Cœur de Lion*, charmé de ce bel ouvrage, donna, de son propre mouvement, une pension à la famille de Grétry. Celle de Sédaine, pensant avec raison qu'elle avait droit à la même faveur, adressa à ce sujet à l'empereur une demande qu'elle me pria d'appuyer comme *auteur de l'éloge de Sédaine*; ce que je fis en y joignant les vers suivants :

> Monarque, conquérant, qu'admire l'univers!
> Sage, en qui la justice à la grandeur s'allie;
> Qui portes à la fois dans ton vaste génie,
> Des hommes, des États, les intérêts divers,
> Regarde avec bonté la famille nombreuse
> D'un auteur qui n'est plus, mais qui te charme encor :
> Grétry n'a pas lui seul, dans son heureux essor,
> Célébré de Blondel l'amitié courageuse.
> Richard qui t'attendrit de Sédaine est l'enfant;
> Que ses autres enfants touchent aussi ton âme :
> La mort qui détruit tout a pu couper sa trame,
> Mais elle ne peut rien sur un cœur bienfaisant.
> Ah! daigne en ta grandeur accueillir leur prière!
> Secondé par le ciel, et gloire de la terre,

> Jusques aux sombres bords va porter tes bienfaits;
> Et quand, dans le séjour de l'éternelle paix,
> Ces guerriers dont les fils en toi trouvent un père,
> Dans leurs concerts sacrés chanteront tes hauts faits,
> Quand ils se rediront qu'en tes plus beaux succès,
> Il n'est rien que de toi la justice n'obtienne;
> Quand ils s'entretiendront des heureux que tu fais,
> Que Sédaine à leur voix puisse mêler la sienne.

Cette demande eut le succès que devait en espérer la famille Sédaine : l'empereur lui accorda à l'instant une pension de 1,000 francs.

ELOGE DE LA LANDE.

(Note 2, page 63.)

La Lande joignait à un esprit naturellement éclairé, à un jugement toujours calme et juste, des sentiments et des opinions philosophiques qui, longtemps avant les grands événements dont nous avons été témoins, semblaient les lui faire pressentir. En 1776, il adressa à Linguet, à Bruxelles, une lettre qui fut insérée dans les *Annales philosophiques,* et par laquelle il le priait d'annoncer que M. Vincent, avocat à Bourg, et syndic du tiers état de Brest, venait d'obtenir des lettres de noblesse. Il applaudissait au sentiment de justice qui avait fait accorder cette distinction *méritée*, et il terminait sa lettre par ces mots remarquables :

« J'avoue, Monsieur, que la noblesse, en donnant à un in-
« dividu des prérogatives qu'il transmet à ses descendants,
« est une insulte à l'espèce humaine; mais, jusqu'à ce qu'il se
« fasse une révolution qu'on ne peut guère espérer, on ne
« peut nier que cette distinction ne produise de grands avan-
« tages, soit en formant des familles dévouées par état à la
« défense de la patrie, soit en excitant l'émulation, mobile le
« plus puissant des grandes actions. La noblesse étant consi-
« dérée sous ce point de vue, quoi de plus glorieux pour un
« *citoyen* que d'être *né de soi-même*, comme disait Tibère, en
« parlant de Curtius Rufus? Cette considération et *mon zèle*
« *pour ma patrie* m'ont inspiré l'idée de m'adresser à vous
« pour consacrer cet événement dans vos *Annales*. »

En 1773, La Lande publia un petit ouvrage, intitulé : *Ré-flexions sur les comètes qui peuvent s'approcher de la terre*. Ces réflexions, qui firent croire qu'une comète qui devait bientôt paraître, pouvait causer un bouleversement général, inspirèrent une terreur inexprimable, dont on trouve encore des preuves dans plusieurs écrits du temps. Il se hâta de ras-

surer les esprits par de nouvelles explications, qu'il fit insérer dans tous les journaux français et étrangers. Linguet disait, à cette occasion, dans ses *Annales :* « C'est un beau rôle à jouer
« que celui de consolateur universel. Il est doux, quand tous
« les esprits sont émus, quand l'effroi glace les cœurs, quand
« les femmes s'imaginent déjà voir une comète qui se roule à
« grand bruit vers la terre, et tremblent de se voir écrasées
« dans le contact de deux globes, de se constituer médiateur
« entre la crainte et la raison, de dire, comme l'Être suprême,
« au corps menaçant : Tu viendras jusqu'ici et n'iras pas plus
« loin.

« M. de La Lande, obligé, malgré lui, de remplir cette
« fonction, a parfaitement réussi à l'égard des comètes. Il
« n'existe probablement plus d'alarmes à ce sujet, et je crois
« que de tous les habitants du monde, il n'y en a plus un seul
« qui craigne de se voir mettre en pièces par la chute de cet
« astre vagabond.

« Peut-être n'en sera-t-il pas de même de la sentence ren-
« due par cet astronome contre l'idée d'une submersion sur-
« venue dans l'intérieur de la terre ou dans la direction de
« son axe, etc., etc. »

(Linguet. *Annales politiques*, n° 8, août 1777).

Pendant la révolution, La Lande avait rendu les services les plus courageux et les plus essentiels à l'abbé Garnier : les circonstances en sont détaillées dans l'éloge de cet abbé, que M. Dacier lut à une séance de l'Institut. La Lande, qui ignorait qu'il dût y être question de lui, était présent à cette lecture. Lorsque l'orateur prononça son nom, les spectateurs, qui l'aperçurent, l'applaudirent avec transport et à diverses reprises. Son âme courageuse, mais non moins sensible, ne put résister à l'émotion que lui causa cet hommage public et inattendu. Il avait alors 72 ans; sa vieillesse, ses cheveux blancs, le souvenir de ses nombreux travaux, sa longue célébrité, enfin, son attendrissement visible, rendirent cette scène fort touchante.

L'athéisme, dont on a si souvent accusé La Lande, n'était pas pour lui, comme on le croyait, une conviction intime, mais un système qui lui semblait, disait-il, *un point de ralliement pour les philosophes*. L'importance qu'il y attachait était en effet purement philosophique; il se bornait à développer cette opinion, à l'appuyer de tous les motifs qui la lui avaient fait adopter, et, ce qui est remarquable, il ne conservait aucune espèce de ressentiment contre ses nombreux contradicteurs, dont plusieurs même étaient et sont restés ses amis intimes. Un d'eux, Gudin, littérateur distingué, avait eu avec lui des discussions assez vives à ce sujet; il avait exigé qu'il ôtât son nom du *Dictionnaire des athées* (1), et non-seulement il lui rendit peu après le service d'examiner avec soin son poëme de *l'Astronomie* dans lequel Dieu était appelé le *créateur de l'univers*, mais il fit de lui, dans un de ses ouvrages, le plus grand éloge, ajoutant seulement qu'*il n'était pas de sa secte, quoiqu'il eût un esprit ferme.*

Il serait difficile de citer un homme ou une femme célèbre, morts pendant la vie de La Lande, et dont il n'ait pas fait l'éloge. Savants, littérateurs, artistes, amis, ennemis, inconnus, maîtres, élèves, tous les hommes, quels qu'ils fussent, lui paraissaient avoir un droit égal à ses hommages, quand ils étaient mérités. Les dangers même ne l'arrêtaient pas. Il publia l'éloge de Lavoisier et celui de Bailly peu de temps après leur mort, et dans un moment où il risquait encore

(1) La Lande avait travaillé à ce Dictionnaire, dont Sylvain Maréchal était le principal auteur. Cet ouvrage parut en 1800, sous ce titre : *Dictionnaire des athées anciens et modernes*, par S. M.

beaucoup à faire cette action courageuse. On peut distinguer dans ses éloges ceux de Vicq d'Azir, Barthélemi, Delille, Cadet, Dupuy, Commerson; celui de Verron, qui valut une pension à sa sœur; ceux de mesdames le Paute, du Bocage, Viot, Dupierry, etc. Souvent même La Lande, contre l'usage ordinaire, s'empressait de rendre justice aux gens de mérite pendant qu'ils existaient encore : c'est ainsi qu'il lut publiquement, à l'Institut, l'éloge de Lemonnier et celui de plusieurs savants distingués.

―――

Un jour, en entrant chez l'archichancelier, La Lande rencontra l'archevêque de Paris, le respectable M. du Belloy, presque centenaire, qui arrivait dans le même moment. Le prélat marchait avec peine; il lui offrit son bras, qui fut accepté. On annonce : *Monseigneur l'archevêque de Paris, et M. La Lande, de l'Institut.* Chacun s'étonne, on rit, et on se dit que *c'est la foi soutenue par l'athéisme.* La Lande, dont le calme et la présence d'esprit ne se démentaient dans aucune occasion, feignait de ne s'apercevoir de rien; mais quelqu'un lui ayant dit : *Nous ne devons plus désespérer, monsieur, de votre salut.* — *Cela est d'autant plus vraisemblable,* répondit-il à l'instant, *que deux papes, dont l'un est au ciel et l'autre sur la terre, m'ont promis de prier pour moi.* — *Mais pour obtenir cette grâce,* lui dit-on, *il est nécessaire de la demander.* — *Vous vous trompez,* reprit-il; *car au moment où saint Paul la reçut et fut renversé de cheval par cette grande lumière qui l'aveugla, il y était si peu disposé, qu'il sortait de faire lapider saint Étienne, et qu'il venait de prendre des lettres du souverain sacrificateur pour faire supplicier d'autres chrétiens.*

Toujours rempli du désir de contribuer aux progrès de la science, La Lande remit à l'Institut, en 1802, 10,000 francs, destinés à fonder un prix d'astronomie. Un pieux ecclésiastique lui dit à ce sujet : « Vous avez donné à l'astronomie un
« argent qui aurait pu soulager bien des malheureux, dont
« l'indigence est plus pressante que la découverte d'une co-
« mète. — Il est vrai, lui répondit La Lande; mais cet argent
« peut ajouter à la perfection humaine, aux progrès des lu-
« mières, sources du bonheur public, au lieu qu'il n'aurait
« satisfait que les besoins momentanés de quelques individus,
« qui bientôt auront disparu. »

La Lande avait une si grande indifférence pour les critiques, et même les railleries, dont quelques singularités le rendaient souvent l'objet, qu'il était le premier à les faire connaître et à en plaisanter. Dans une réunion où il se trouvait, une demoiselle, qui ne l'avait jamais vu, ayant chanté des couplets dans lesquels il était ridiculisé sous le nom d'*un petit astronome*, il l'écouta, l'applaudit, lui apprit un de ces couplets qu'elle ignorait, et lui dit ensuite : *C'est moi qui suis ce petit astronome.*

Cependant il savait distinguer, dans les critiques ou les inimitiés, ce qui méritait une attention plus sérieuse. Alors il ne négligeait aucun moyen de ramener à lui les personnes qu'il estimait. L'amour et l'intérêt des sciences le faisaient principalement passer sur toutes les autres considérations. Un savant célèbre, avec qui il avait eu des discussions fort vives, ayant publié une observation nouvelle et importante, il l'aborda avec empressement, et lui dit en l'embrassant : « Je ne puis être l'ennemi d'un homme qui a fait une si belle « découverte. »

On citerait de lui mille traits de ce genre. Beaucoup de personnes, qui croyaient y voir une sorte d'affectation, prétendaient que tout lui était bon, pourvu qu'il fît parler de lui ; un homme d'esprit disait même, à ce sujet, qu'il avait une *hydropisie de célébrité.* Ces reproches pouvaient n'être pas dénués de fondement; mais qu'est-ce qu'un travers qui ne nuit à personne, quand il en résulte une tolérance si respectable, et surtout si rare?

Quoique La Lande ne craignît point de faire connaître son système d'athéisme, et qu'il tentât souvent de prouver qu'il devait être adopté par tous les esprits éclairés, il sentait la nécessité de respecter les croyances établies, et ce ne fut que vers la fin de sa vie, et quand il eut trouvé dans Sylvain Maréchal un homme de lettres qui partageait son opinion, qu'il la publia dans un supplément au *Dictionnaire des athées,* qui parut en 1806. Ce petit ouvrage, dans lequel les anciens philosophes, et tous les hommes les plus célèbres de l'époque étaient désignés comme athées, fit d'autant plus de bruit que le gouvernement cherchait alors à rétablir les idées religieuses. L'empereur le désapprouva hautement, et il chargea l'Institut de parler à ce sujet à La Lande. Soit que ses intentions eussent été mal comprises, ou que, dans le premier moment, il eût donné des ordres trop sévères, dans une réunion des membres de l'Institut, à laquelle on avait engagé le célèbre astronome à se trouver, non-seulement on lui reprocha d'avoir propagé une opinion dangereuse, mais on l'invita, et lui dit-on, de la part de l'empereur, *à ne plus écrire.* Plusieurs témoins de cette scène ne pouvaient parler sans émotion de la vive impression qu'avait produite sur eux la vue de ce vieillard illustré par tant de travaux et tant d'ouvrages, et à qui une réunion d'hommes instruits, mais tous plus jeunes et en partie moins savants que lui, faisait, au nom de l'autorité, une invitation si étrange. Il la reçut avec calme et sans y rien opposer. Voici ce qu'il écrivait, le lendemain, à un de ses compatriotes, M. Gauthier (de Bourg):

« Dites à un de nos quatre philosophes, pour qu'il le redise « aux autres, que l'empereur m'a fait faire des reproches sur « mon second supplément, et une invitation fraternelle par « l'Institut de ne plus écrire. »

Cette circonstance si bizarre ne pouvait cependant avoir aucune suite. La Lande continua à publier dans les journaux, et jusqu'à sa mort qui arriva peu après, de petites lettres qu'il avait l'usage d'y faire insérer, sur tout ce qui lui paraissait remarquable dans les lettres, les sciences et les arts.

NOTES.   347

Lorsqu'on rendit les derniers devoirs à La Lande, M. Delambre prononça sur sa tombe un discours aussi éloquent que touchant; après ce discours, M. Dupont de Nemours s'avança, et dit ce peu de mots qui furent entendus avec le plus vif intérêt :

« Qu'il me soit permis d'ajouter quelques mots à l'éloquent
« et savant discours de M. le secrétaire.

« J'ai à raconter une bonne action de notre collègue de La
« Lande, dont j'ai été l'occasion et l'objet.

« Après la journée du 10 août 1792, j'ai eu besoin d'un
« asile.

« M. Harmand, aujourd'hui directeur des pensions à la
« trésorerie, alors un des élèves les plus distingués de La
« Lande, me le donna dans l'observatoire des Quatre-Nations,
« dont La Lande lui confiait les clefs et les travaux. Il y pour-
« voyait à mes besoins.

« Une réquisition fut lancée sur les jeunes gens de l'âge de
« M. Harmand, et, quoique marié, il eut à craindre d'être
« forcé de partir.

« Il fut trouver La Lande, lui confia ma position, lui dit :
« — S'il sort de l'observatoire, sa vie est en danger; s'il y
« reste, il est exposé à mourir de faim. — Courez, lui répondit
« La Lande, le garantir de toute inquiétude, je lui porterai ré-

« gulièrement à manger. Il ne pouvait, non plus que M. Har-
« mand, le faire qu'au péril de sa propre vie.

« Ma juste reconnaissance en remercie sa mémoire.

« Je prie Dieu de le bénir! j'espère qu'il sera, et qu'il est déjà béni.

« Il était plus religieux qu'il ne croyait l'être, puisqu'il s'est
« montré constamment homme de bien, rempli d'honneur, de
« probité, de courage, d'activité pour toutes les choses utiles,
« d'amour et de zèle pour le genre humain.

« Imiter le grand bienfaiteur, c'est rendre le plus digne hom-
« mage à la bonté infinie, à la raison suprême qui gouverne
« l'univers. » (Extrait du n° 102 du *Moniteur*, an 1807.)

Conformément aux dernières volontés de La Lande, son cœur a été mis dans une boîte de plomb et déposé à l'observatoire de l'École-Militaire, dans un endroit qu'il avait fait préparer.

Je terminerai cette note en faisant connaître une circonstance qui m'est particulière, mais qui, se rattachant à l'éloge de La Lande, me paraît devoir être rappelée ici.

L'accueil que le public fit à ce petit ouvrage, lorsqu'il fut lu dans une des séances du Lycée des arts, m'engagea à en adresser plusieurs exemplaires à M. Delambre, en le priant de l'offrir, en mon nom, à la classe des sciences de l'Institut, dont il était secrétaire perpétuel. Voici la réponse, aussi flatteuse pour moi qu'honorable pour la mémoire de La Lande, que je reçus, peu de jours après, de ce savant distingué.

21 mai 1810.

« Madame,

« J'ai reçu lundi dernier, pendant la séance, les exemplaires de l'Éloge de M. de La Lande que vous m'avez fait l'honneur de m'adresser. Mes fonctions de secrétaire m'ont empêché de vous en témoigner à l'instant même toute ma reconnaissance, et celle de la classe tout entière; mais vos intentions ont été fidèlement remplies. La distribution a été faite aux membres présents et aux étrangers de distinction qui se trouvaient à la séance; il m'est resté quelques exemplaires que j'ai remis, de votre part, à de jeunes savants, amis de La Lande, et qui ne sont pas encore de l'Institut.

« L'éloge d'un savant aussi distingué, fait par vous, madame, ne pouvait manquer d'intéresser d'anciens confrères, et j'ai vu qu'en effet ils étaient bien plus occupés d'une lecture qui avait tant de droits à leur attention, que des mémoires qui leur étaient présentés ce jour-là. Moi seul j'ai dû contenir mon empressement et continuer de lire à haute voix ce qu'on écoutait si peu; cependant, avant de rentrer chez moi, j'avais dévoré l'éloge entier. Je l'ai relu depuis, plusieurs fois, avec plus de loisir : c'est alors que j'ai senti tout le prix de la complaisance avec laquelle vous avez attendu que j'eusse payé à notre illustre ami le tribut que je lui devais au nom du corps qu'il avait honoré. La concurrence eût été trop redoutable pour moi, si j'avais eu à revenir sur les mêmes faits et les mêmes travaux. Il est vrai que parlant au sein de l'Institut, et en son nom, je pouvais m'étendre davantage sur la partie astronomique. J'ai tâché, dans une revue rapide, d'apprécier justement les ouvrages de mon maître, sans passer la mesure et sans dissimuler quelques taches; j'ai dû le venger des dédains affectés de quelques juges malveillants. J'ai pu montrer quel a été le caractère particulier de M. de La Lande, entre les astronomes célèbres auxquels il sera associé par la postérité. Vous étiez dispensée de ce soin, madame; vous avez pu vous attacher plus particulièrement au caractère moral, et, sous votre plume, cette partie de l'éloge était sûre d'obtenir la préférence sur ce que je n'ai fait qu'ébaucher. Daignez donc recevoir mes félicitations sur la manière heureuse dont vous avez complété l'ouvrage. Ce sera pour moi assez de gloire, si les amis de La Lande, pour avoir de lui un portrait tout à fait ressemblant, croient devoir mettre ma notice à la suite de votre discours.

« Je suis avec respect, etc., etc.

« *Signé* Delambre. »

TABLE
DU QUATRIÈME VOLUME.

ÉLOGES.

 |Pages.
---|---
Éloge de Sédaine.................... | 5
Éloge de Gaviniés.................... | 35
Éloge de La Lande. — Introduction............... | 57
Notes extraites d'un manuscrit de La Lande......... | 99
Éloge de Martini.................... | 113

RAPPORTS.

Rapport sur un ouvrage intitulé : *De la condition des femmes dans une république*.....................	131
Rapport sur des fleurs artificielles.................	157
Rapport sur madame de Montanclos...............	171

Notice sur la vie et les ouvrages de Mentelle. — Introduction........................	183
Notes extraites d'un manuscrit de M. Mentelle.......	217
Fragment d'un ouvrage intitulé : *Des Allemands comparés aux Français, dans leurs mœurs, leurs usages, leur vie intérieure et sociale.* — Introduction........	231
— Chapitre premier. — Des femmes.............	233

— Chap. ii. — De l'intérieur des ménages en France et en Allemagne. 239

— Chap. iii. — Le Français, la Française en Allemagne. — Relations sociales. — Comparaisons, — Résumé. 249

Mes Soixante ans, ou mes Souvenirs politiques et littéraires — Introduction....................... 263

NOTES.

Éloge de Sédaine.............................. 333
Éloge de La Lande 337

FIN DE LA TABLE DU QUATRIÈME VOLUME.

www.ingramcontent.com/pod-product-compliance
Lightning Source LLC
Chambersburg PA
CBHW050758170426
43202CB00013B/2478